기적의 노트법

기적의 노트법
ⓒ 호랑나비 2009

초판 1쇄 발행일 2009년 5월 29일
지은이 히구치 다케오
옮긴이 지세현
펴낸이 이정원
책임편집 김인혜

펴낸 곳 호랑나비
등록일자 1987년 12월 12일
등록번호 10-156
주소 경기도 파주시 교하읍 문발리 파주출판단지 513-9
전화 (마케팅) 031-955-7374 (편집) 031-955-7382
팩시밀리 031-955-7393
홈페이지 www.ddd21.co.kr

값은 뒤표지에 있습니다.
잘못된 책은 구입하신 곳에서 바꿔드립니다.
ISBN 978-89-7527-830-3 (03320)

기적의 노트법

히구치 다케오 지음

지세현 옮김

호랑나비

한 권의 노트로 시작하는 지적 마라톤

'3일, 3주, 3개월'은 새로운 일을 할 때 분기점이 되는 기간이다. 어떤 일을 시작하고 3일을 넘기면 3주를 할 수 있고, 3주를 넘기면 3개월을 노릴 수 있다. 이 분기점을 넘길 수 있는 창의력과 노력이 오랜 기간 동안 일을 계속할 수 있는 힘을 길러주는 것이다. 가는 끈처럼 연결되었던 시작이 굵은 강철과 같이 튼튼하게 바뀌는 이치와 같다. 이것이 바로 지속력을 만드는 방법이다. 이 책은 한 권의 노트로 이와 같은 일을 실현하는 데 목적이 있다.

3일이 넘어가고 3주, 3개월이 지나면 자신도 모르는 사이에 지혜와 기록이 축적된다. 이것이 바로 지속력의 힘이자 원천이다. 지속력은 집중력의 친구이자 연속성의 형제로 힘을 기르는 근본이 되며 미래를 연결하는 다리가 된다.

인생에서 새로운 일을 시작하는 시기는 여러 차례 찾아온다. 가령, 취직할 때, 사내에서 획기적인 인사이동이 있을 때, 새 프로젝트를 맡았을 때 그리고 전직이나 독립을 생각할 때가 바로 그 시기다. 생각에 따라서는 대학에 입학할 때나 결혼할 때도 그중 하나가 될 수 있다. 만약 당신이 무엇인가 새로운 일을 시작하려 한다면 새로운 지속력을 키워야 한다. 그런데 취직과 입학, 결혼처럼 자신이 스스로 원하고 선택한 경우와 회사에서 강제적인 인사이동이나 전근이 있는 경우는 상황이 다르다. 회사에서 나와 새롭게 사업을 시작하는 사람도 있고, 본의 아니게 회사를 그만두어야 하는 경우도 있다.

학창 시절 호주에서 2년간 유학을 한 적이 있다. 비행기 값이 없어서 왕복 화물선을 탔는데 전혀 다른 세계를 경험할 수 있었다. 귀국 후 오사카 외국어대학을 졸업하고 미쓰이 물산에 입사한 후 해외 전근을 네 차례, 전직을 두 차례 경험했다. 모두 새롭게 출발하는 계기가 되었다.

일을 시작할 때 미래가 항상 장밋빛으로 보이는 것은 아니다. 프로젝트를 맡아 많은 성취를 이룬 적도 있지만 그렇지 못하고 절망에 빠진 때도 있었다. 실의에 빠져 있을 때는 자신의 의욕을 태워줄 연료가 필요하다. 새로운 의욕과 에너지가 필요하고 그것을 계속 이어줄 수 있어야 한다. 젊었을 때는 회복이 빨랐지만 나이가 듦에 따라 회복은 늦어지고 새롭게 일을 시작하는 것 자체가 두려워졌다. 그렇다고 움츠러들어서는 안 된다. 똑바로 서서 앞으로 나아가야 한다. 누구나 똑같다. 앞으로 나아가지 않으면 안 되는 것이 우리네 인생이다. 그래서 누구나 경험하는 새로운 출발 시점을 간단하게 정리하고 시스템화할 수는 없을까라는 생각을 하기 시작했다.

나는 단순히 새로운 시작과 재시도를 격려하고 있는 것이 아니다. 새로운 일을 시작한다면 이전보다 더 큰 성과를 올리기를 원한다. 명쾌하고 현명하게 일을 진행시키고 싶고 지금까지 쌓은 경험도 훌륭히 살리고 싶다. 그렇기 때문에 단련된 지속력을 키우자고 제안하는 것이다.

이 책은 새로운 시작과 지속을 위한 광범위한 윤곽선을 보여주지만 개인에 따라서는 더욱 세밀한 부분까지 생각해야 하는 경우도 있다. 새로운 일을 시작하는 사람들은 모두 이유가 있고 그 이유는 각각 다르다. 그렇지만 한 가지 공통점이 있다. 특히 비즈니스를 하는 사람들은 내일의 나는 오늘의 나보다 더 나아져야 한다는 생각으로 일을 시작하고 재개한다. 파도를 타듯 다음 일을 진행시키는 것이다.

23년 전에 나는 '매일 최소한 한 가지 아이디어를 노트에 적자'라고 다짐했다. 그렇게 어려운 일도 아니었다. 작심삼일을 반복하던 나도 손쉽게 실천할 수 있는 단순한 일이었다. 사우디아라비아에 주재한 지 7년째 되던 해였다. 처음에는 고객을 기다리는 시간에 좋아하는 책을 읽으며 보냈지만 그것도 점차 지루해져서 나중에는 하루 일과를 메모하거나 에세이 또는 일기 형식으로 노트를 정리하며 마음을 달랬다. 아무것도 없는 사막에서 오아시스를 만난 듯한 행복을 느꼈다.

누구나 간단하게 발상을 떠올릴 수 있다. 8년 후 8000개의 아이디어를 낸 후, 그것을 '아이디어 마라톤'이라 이름 지었다. 자신의 페이스로 인생을 달려 나가는 지적 마라톤인 것이다.

비즈니스와 장사의 성공 요인은 창의와 노력이다. 항상 새로운 아이디어가 요구된다. 그때 축적한 하루 한 개의 아이디어가 어느 순간 내게는 엄청난 보석과 같은 존재가 되었다. 내가 다른 나라에서 인간관계와 스트레스에 지지 않고 견딜 수 있었던 것은 하루 단 15분의 아이디어 마라톤 때문이었다.

'한 권의 노트'로 시작한 '쓰는 마라톤'은 발상 건수가 27만 가지, 노트로는 348권에 이른다. 아이디어 마라톤의 실행으로 얻은 '지속력'은 어려운 일을 해결하는 데 도움이 된다. 아이디어 마라톤은 지속력을 기르는 발전기와도 같으며 일을 성공할 수 있는 자력을 창출한다.

여러분도 반드시 자신에게 알맞은 부분을 채택하고 확대해 나가길 바란다. 3일, 3주, 3개월이 지나고 반년이 지나면 당신의 인생은 달라질 것이다.

아이디어 마라톤 연구소 소장
히구치 다케오

새로운 발상의 필요성

나는 2004년에 정년퇴직을 하기 전까지 33년 동안, 일본 상사 미쓰이 물산의 직원이었다. 그중 19년을 해외에서 주재원으로 생활하며 국제무대의 치열함을 경험했다. 이 경험을 통해 경쟁에서 이기기 위해서는 새로운 발상이 반드시 필요하다는 것을 절실히 느꼈다.

새로운 발상은 노트에 써 두는 것이 중요하다. 지금까지 비즈니스를 하면서 노트 덕분에 여러 가지 어려움을 극복할 수 있었다. 생각나는 것은 즉시 글자로 옮겼고 이를 바탕으로 아이디어 마라톤 발상법을 고안하게 되었다.

일본에서는 도시바, 파이오니아, 다이킨, 재팬네트다카다 등의 대기업들이 아이디어 마라톤 그룹 활동을 도입해 활용하기 시작했다. 특히 가장 큰 통신판매 회사인 재팬네트다카다에서는 350명의 전 사원이 이미 3년 전부터 같은 종류의 노트를 활용해 아이디어 마라톤을 하고 있다. 2009년에는 전 사원의 아이디어 발상 개수가 100만개를 넘을 예정이다. 이처럼 아이디어 마라톤은 개인의 능력을 북돋우고 기업의 창조성을 향상시킨다.

나는 한국과 한국인을 아주 좋아한다. 역사와 문화적인 측면에서 보았을 때 한국과 일본은 형제 관계에 가깝다. 1972년에 결혼했을 때 신혼여행지는 한국이었고, 그 이후로도 몇 번이나 한국을 방문했다.

일본과 한국은 비즈니스에서도 지금보다 더 긴밀한 관계를 형성할 수 있을 것이라 생각한다. 양국에서 아이디어 마라톤이 활성화되고 새로운 발상을 쌓아나가면 분명 지금까지 발견하지 못한 부분에서도 협력이 가능할 것이다.

나는 한국인들이 이 책을 통해 노트를 활용하고 아이디어 마라톤을 시도해 보길 바란다. 반드시 한국인들의 일과 행복과 인생에 도움이 될 것이라고 믿는다. 끝으로 들녘출판사의 관계자 분들께도 감사드린다.

아이디어 마라톤 연구소 소장
히구치 다케오

창의적 인재에게 꼭 필요한 아이디어 마라톤

『기적의 노트법』은 새로운 발상을 할 수 있는 아이디어 마라톤 방법을 담고 있다. 나는 이 책의 저자 다케오 히구치 씨와 고려대학교에서 한일 아이디어 마라톤 발상 시대를 열어가기 위한 합동 세미나를 개최해 많은 호응을 얻었으며 언론에서도 많은 관심을 보였다.

지금 전국에는 유비쿼터스 도시붐이 일어나고 있다. 개발 단지는 여의도 면적의 420배이며 예산으로 4000억 원이 투입되었다. 이를 운영·관리하는 창의적인 인재가 절실히 필요한 시점이다. 기업 역시 창조 경영을 위한 아이디어 발상법을 통해 훈련할 수 있도록 해야 한다.

이제 기업이 창조 경영을 실천할 수 있도록 아이디어 마라톤이 필요한 때가 왔다. 지금까지의 재무제표를 측정하는 방식을 뛰어넘어 분기별 체크를 통해 창조 경영의 측정 도구를 마련하고 새로운 발상이 일어나도록 해야 한다. 이는 유비쿼터스 환경에서 개인 아이디어, 특허, 창조 경영 등을 고려한 창조 매출액, 창조 비용, 창조 경영 대차대조표 등 일반 재무제표와 연동, 보완될 수 있는 도구이자 창조 경영을 측정할 수 있는 지표가 된다. 아이디어맨은 언제 어디서나 고객을 창조할 수 있다. 결국 기업 경영은 혁신의 주체가 되는 유비쿼터스형의 창의적인 인재를 필요로 한다.

현대 산업사회에서는 정보통신이 발달·융합되었고 인터넷 이용은 보편화되었다. 기업 경영은 정보화를 기반으로 아이디어를 통해 지식 및 정보의 디지털화와 네트워크화를 통한 시대적 흐름이 가속화되고 있다. 이에 따라 선진 각국의 정부와 대기업들은 유비쿼터스 세계시장을 주도하기 위한 경쟁을 치열하게 전개하고 있는 실정이다. 지금 이 시점에서 우리는 아이디어 마라톤을 통해 주도적인 사람이 되어야 한다.

사단법인 한국 유비쿼터스 학회회장
고려대학교 교수 정창덕

차례

제1부 | 좌절을 극복하고 새로 '시작하는 힘'

제 1 장
좌절을 극복하고 새로 '시작하는 힘'

1. 최악의 상황에서도 절대 좌절하지 않는다!

최악이라고 생각할 만큼 인생이 절망적인 상황에 놓였어도 절대 포기하면 안 된다. 탈출구는 반드시 있고 시간은 해결의 열쇠가 되어 준다. 어떠한 경우라도 꿈을 잃지 않고 새로운 계획을 세울 수 있는 지속력과 집중력이 있다면 상황은 긍정적으로 바뀐다.

그 상황이 최악이라고 생각하는 사람은 자기 자신뿐인 경우가 많다. 스스로 최악이라고 생각할 때 주변 사람들은 의외로 냉정하게 판단한다. '왜 그런 일로 고민하고 있는데'라고 말하기도 한다.

주위 사람들이 보기에는 아직 돌파할 수 있는 길이 있고 아무렇지도 않게 넘어갈 수 있는 경우도 흔하다. 자세히 살펴보면 더 힘겨운 상황에 빠진 사람들이 훌륭하게 재기하는 모습을 쉽게 찾아볼 수 있다. 최악이라는 어두운 마음에 사로잡힐 필요는 없다. 재기와 함께 비상할 수 있다는 사실을 안다면 마음이 안정될 것이다. 만약 꿈도 없고 친구도 없는 상황이라고 한다면, 만들어라. 만들면 그만이다.

모든 것은 시간이 해결해 준다

33년간 영업맨으로 활동하면서 '이것이 최악이다'라고 생각할 정도로 궁지에 몰린 적이 여러 차례 있었다.

일 처리 미숙과 고객의 질책과 오해, 원만하지 못했던 직장 내 인간관계, 가정불화, 타문화 생활에서 오는 다툼과 스트레스, 고독감, 소외감 등 헤아릴 수 없었다.

그럴 때마다 언제나 나는 '시간이 해결해 준다'라는 말에 매달렸다. 항상 보다 더 힘든 일이 닥칠 것이라고 생각했지만 어느 순간 해방되었다.

그러나 나중에 생각해 보면 사태를 방치해 놓은 경우는 거의 없었다. 어려운 사태를 해결한 것은 자연 회복력과 동시에 내 자신의 계획과 혼신의 힘을 다한 노력이었다. 혼자서 문제를 안고 있지는 않았다. 반드시 윗사람과 상의하고 아랫사람에게 해결책을 제시했다. 가족에게도 이야기했다.

사태를 그대로 방치해 놓아도 최악의 상황까지 가지 않고 회복되는 경우가 있을지는 모르지만, 계획을 성사시키려고 노력한다면 회복은 생각보다 빨라진다. 계획성을 가지고 상황에 신중하게 임하면 임할수록 예전의 실패를 빠르게 잊을 수 있었고 회복도 순조로웠다.

시간이 흐르고 경험이 쌓이면서 안 좋은 상황에서 벗어날 수 있는 방법이 있다는 것을 믿게 되었다. 담력도 세지고 의연해졌다. 어떠한 궁지에 몰려도 스스로 헤쳐 나갈 수 있는 지혜를 발휘할 수 있게 되었다.

더 이상 사태를 악화시키지 않으려면 어떻게 해야 할까

어떤 프로젝트를 진행하는 도중 확실히 손해를 볼 것이라는 사실을 알았다. 큰일이었다. 이익을 얻기 위해 일을 하는 것이기 때문에 손해가 발생한다면 괴로울 것이 틀림없었다. 일 자체에 오랜 시간을 투자해서 손해가 된다면 쏟아 부은 그 시간 자체가 무의미해진다.

나는 질책을 각오하고 윗사람에게 상담을 요청했다. 그 상사가 던진 말은 단 한마디였다.

"그 손해를 정리해라. 그러면 내가 본사에 승인을 받겠다."

최악의 손해를 정리해서 그 이상의 손해가 발생하지 않도록 하는 것이 급선무라는 것이다. 그 이상의 손해가 나지 않도록 만전을 기해야 한다. 나는 그 대답에 깊은 감동을 받았다. 현명한 상사의 판단이었다. 이 사람과 함께라면 최선을 다해 일할 수 있으리라 생각했다.

지혜로운 상사의 판단 덕분에 결국 더 큰 손해를 막을 수 있었다. 나 역시 지금 부하 직원에게 똑같이 하고 있다.

인간의 모든 일은 새옹지마다

인생을 살다 보면 좋다고 생각한 순간이 오히려 나쁜 일의 시작이 될 때가 종종 있다. 반대로 나쁜 일이라고 생각했더니 그것이 좋은 일의 계기가 되는 경우도 있다.

유통업체 '다이에'와 '야오항' 등이 최고 수익을 올려 태산이라도 옮길 듯한 기세로 해외 진출과 업종 확대를 시도했을 때는 이미 쇠락의 길로 접어들고 있었다. 물론 그 누구도 예측하지 못했다고 치부하면 그뿐이다. 하지만 새가 날개를 얻었을 때 사업의 쇠퇴기에 접어드는 여러 가지 요인은 시작되고 있었다. 현재 직면한 안 좋은 상황은 다음 국면으로 볼 때 좋은 출발점이 될 수 있다.

최악의 상황을 더욱 악화시키는 예가 있다. 회사의 윗사람과 부하 직원, 동료와 친구, 가족의 험담과 뒷담화, 욕설, 책임 전가 등은 최악의 상황을 더 뒤틀리게 할 수 있다.

오랫동안 회사 생활을 하면서 회사 내의 인간관계 때문에 수차례 고통을 받았다. 한번은 일과 사내 인간관계로 인해 극도의 스트레스를 받은 뒤 귀가해서 아내에게 직장 동료에 대한 험담을 한 적이 있었다. 그러자 아내는 정색하며 말했다.

"당신은 결혼하기 전에 같은 동료에 대한 험담과 불평을 하지 않겠다고 약속했잖아요. 그 약속을 깨는 당신을 저는 납득할 수가 없네요."

그렇군!

갑자기 정신이 번쩍 났다.

그 이후 나는 두 번 다시 험담을 하지 않았다.

꿈과 인맥은 최악의 상황일 때 반드시 필요하다. 그런데 그 관계를 망가뜨리면 회복하는데 엄청난 시간이 든다. 가족의 이해를 구하는 일은 간단하게 보일지 모르지만 가장 어려운 일일 수도 있다. 가족이 이해해 주지 않을 때는 마음이 통하는 친구를 찾아 상의하면 기분도 좋아지고 해결책도 나올 수 있다. 또한 필요하다면 친구를 통해 가족을 설득할 수도 있을 것이다. 개인이 직면한 최악의 상황은 다양한 가능성을 내포하고 있다.

2. 과거에서 벗어나는 방법

인생을 다시 시작할 때 과거에 얽매이면 장애가 될 수 있다. 불필요한 과거로부터 헤어날 수 있는지에 대한 여부가 얼마만큼 빨리 회복할 수 있는가에 대한 관건이 된다.

새롭게 재기하려 할 때나 곤경에서 다시 일어서려 할 때도 과거에서 벗어나는 일은 무엇보다 중요하다. 하지만 과거에 대한 잘못된 집착이 우리 모두를 옥죄곤 한다. 게다가 그 과거에 대한 집착은 쉽사리 떨쳐지지 않는다.

한자로 책柵은 본래 물길의 흐름을 약하게 하기 위해 강물에 말뚝을 나란히 박고 끈과 대나무 껍데기로 묶은 것을 말한다. 이 말뚝이 있다고 물길을 차단할 수는 없지만 어느 정도 약하게 할 수는 있다.

긴 안목으로 보면 과거에 대한 얽매임은 새로운 출발을 할 때 방해가 될 수도 있다. 얽매임에는 극히 심각한 것부터 스스로 의지를 굳히는데 별 방해가 되지 않는 것 등 여러 가지가 존재한다.

사는 곳을 옮기거나 일을 완전히 바꿀 수 있을 정도의 변화가 필요한 것도 있다. 끊을 필요가 없는 얽매임도 있을 수 있지만 심각한 인간관계의 늪에서 빠져 나와야 할 경우도 있다.

대부분의 경우 과거에 대한 집착에서 벗어나지 않고 새로운 일을 시작하려 하면 중구난방 정리가 되지 않을 때가 많다. 또 잘못된 과거에 집착하면 의외로 상처가 깊어질 가능성도 있고 새로운 일에 전력투구하기 어렵다.

과거에 집착만 해서는 앞으로 나아갈 수 없다.

이러한 과거의 집착에서 어떻게 하면 벗어날 수 있을까?

우선 리스트를 정리한다

과거의 청산은 무 자르듯 할 수 없다. 하지만 단호하게 과거와 단절할 필요가 있다. 결단은 리스트를 정한 후에 내린다.

리스트를 정할 때는 역시 노트를 사용하는 편이 낫다. 누구의 방해도 없는 공개된 찻집 테이블이 자신의 방보다 기분이 좋을 것이다. 복잡하게 얽혀 있을 때야말로 마음을 가라앉히고 리스트를 정리해 보자.

리스트를 하루 만에 정리하기란 쉽지 않다. 며칠에 걸쳐 리스트를 작성하고 우선순위를 정해야 한다.

신뢰할 수 있는 사람들과 상의를 한다

일단 리스트가 만들어졌다고 해도 행동에 옮기는 것은 아직 이르다. 믿을 수 있는 친구와 상의하자. 혼자서는 시야가 좁을 가능성이 있기 때문이다. 때로는 과감하게 전문가의 상담을 받는 일도 중요하다.

결단을 유보하고 정리한 리스트를 음미한다

새로운 일을 시작하거나 독립하려면 그 준비 기간에 2년은 투자해야 하고 같은 회사에서 자리를 옮기고 싶다면 최소 반년은 필요하다. 또한 한 가지 안건에 실패하고 다음 안건으로 넘어갈 때 최소 3개월의 시간은 필수다. 비즈니스를 할 때는 다른 사람의 눈도 신경을 써야 한다.

어떤 경우이든 새로운 일을 시작하려면 과거와의 단절이 필요할 때가 많다. 어느 정도의 준비 기간을 두고 과거에 대한 집착에서 벗어나도록 하자. 완벽하게 과거에서 벗어나야 주위 사람들로부터도 무난하게 헤어날 수 있는 방법이 생긴다.

3. 나는 이렇게 재출발했다

2년이나 준비했던 A프로젝트를 실패했다.

사우디아라비아에서 상사 주재원으로 근무할 때다. 미국 회사와의 경쟁 입찰에서 마지막 순간까지 최선을 다했으나 결국 수주를 받는데 실패했다. 수일 전까지만 해도 우리 쪽이 유리했지만 한순간에 역전되었다. 기적은 일어나지 않았다. 최종적으로 그 건을 수주하지 못했다는 사실을 접한 날 머릿속이 멍해졌다.

당시 서른한 살, 담당자였던 나는 입찰 회사 건물 엘리베이터 옆에서 머리를 감싸 쥐고 아쉬움에 눈물을 흘렸다.

"이제 끝장이야. 어떡하지? 2년에 걸쳐 준비를 했는데……."

그때였다. 선배 한 명이 내게 용기를 북돋워 주었다.

"기운 내. 다시 한 번 계획을 세워 보자고. 가능한 빨리 새로운 계획을 수립하고 어떻게든 된다는 쪽으로 생각해. 처음부터 다시 시작하는 거야."

상사맨도 보통의 비즈니스맨이다. 방해 없이 모든 것을 이룰 수는 없다. 어떠한 안건에도 치열한 경쟁은 따르고 수주를 받을 수 있는 회사는 단 하나로 정해져 있는 것이 현실이다.

그렇더라도 경쟁에서 지면 괴롭다.

며칠 동안은 자나 깨나 고통이었다. 그러나 동시에 선배가 말한 새로운 계획 수립이라는 말이 머릿속을 맴돌았다. 그때 아플 만큼 현실을 직시할 수 있었다. 나는 과거 2년간 담당했던 거시적 안건에만 집착했던 것이다. 적당한 것이나 작은 것은 생각하지 않았다. 오로지 큰 안건에만 몰두했다. 그때 나는 보다 융통성 있는 생각을 했어야 했다.

스스로의 삶을 강하게 단련하라

일의 성패에 따라 내 자신의 정신이 극도로 위험한 상태에 처할 수 있다는 사실에 생각이 미쳤다. 보다 대담해지지 않으면 비즈니스 세계에서 살아남을 수 없음을 깨달은 것이다. 스스로의 삶을 강하게 단련할 필요성을 느꼈다. 그때가 내 인생의 전환점이었다. 이후로는 일을 진행할 때 몇 가지 안건을 병행해서 전부 실패를 보지 않는 전략을 구사하기 시작했다.

그 시기에 완전히 새로운 사업을 구상하기 위해 도쿄 본사에서 사람이 나왔다.

"히구치 씨! 이번에 많은 도움을 받았습니다. 여기 사우디아라비아에서 제가 담당하고 있는 분야의 수주를 받으려면 어떻게 해야 좋은지 솔직한 의견을 듣고 싶습니다."

질문을 받은 나는 생각 끝에 이렇게 말했다.

"저도 지금부터 최선을 다해 준비할 테니 한 달 안에 여기 사우디아라비아로 다시 올 수 있나요? 그때까지 열심히 방법을 찾아보겠습니다."

그 사람이 대답했다.

"알겠습니다. 꼭 다시 올 테니 부탁합니다."

한 달 만에 새로운 분야의 시장 규모를 파악하고 고객 개발 계획을 세우기 시작했다. 나는 그 새로운 비즈니스 개발에 착수해 최초의 수주를 따냈다. 새로운 일을 시작할 경우 앞으로 나아가야 한다. 계획 수립이 시작의 일보 전진이 된다. 그리고 지속력이 그 다음 순서다.

이후 6년 동안 사우디아라비아에 주재하며 작지만 한 건 한 건 수주를 받을 수 있도록 노력했다. 나중에 자세히 언급하겠지만 그러는 동안 '아이디어 마라톤' 발상법을 시작하게 되었다. 모든 비즈니스나 인생살이에는 항상 새로운 발상이 필요하다. 그런데 아이디어 마라톤을 통해서 보통의 노력으로도 새로운 발상을 축적할 수 있다는 신념이 생겼다.

창의와 노력은 일을 개척하고 확립할 수 있는 방법이다.

변하는 환경에서 자신의 인생이 휘말리지 않도록 주의하고 생활신조를 확립해 일이 꼬이지 않게 하였다. 그리고 인생의 기반을 튼튼히 구축해 가족도 철저히 돌보겠다고 결심했다.

당시는 극심한 국제경쟁 시대였다. 같은 일의 반복은 금물이다. 매번 다른 작전과 새로운 발상을 하지 않으면 절대로 수주를 받을 수 없다는 사실을 깨달았다. 열심히 작전을 세우고 본사와 상대 회사 담당자들과의 전략회의를 끊임없이 지속했다. 손을 놓는 순간 경쟁사에 빼앗겼다. 그러는 사이에도 아이디어 마라톤을 계속했고 수주를 위한 작전을 세워 수주율 향상에 전력을 쏟았다.

물론 아무리 새로운 발상이 있어도 수주를 실패할 때가 있었다. 하지만 어떤 경우에든 '새로운 발상'과 '새로운 노력'을 게을리 하지 않아 수주율은 꾸준히 올라갔다.

나는 무엇인가 새로운 일을 하기 전에는 반드시 일정 기간을 두고 계획을 위한 아이디어 마라톤을 실행하게 되었다. 새로운 전략을 짜는 것이다. 주변을 정리하고 적극적으로 접근했다. 이것을 '아이디어 마라톤에 의한 신규 개발의 정석'이라 이름 붙였다.

4. 작은 성취가 자신감을 만든다

다른 사람의 꿈을 들으면 나는 이렇게 말한다.

"좋아요. 이룰 수 있어요. 어서 시작해 보세요."

그럴 때 자신이 없다는 대답을 종종 듣곤 한다.

"아닙니다. 별로 자신이 없어요."

그럼 나는 재차 격려해 준다.

"자신감을 가지면 할 수 있어요."

계획 자신감

미래로 나아가는 힘의 원천 중 하나는 자신감이다. 지속력을 전자현미경으로 볼 수 있다면 자신감이라는 알갱이가 보일 것이다.

세상에는 의외로 스스로 자신감이 없는 사람이 많은 듯하다. 보다 자신의 가능성을 믿으면 좋을 텐데. 여러 가지 일을 실현할 수 있는 능력과 실행할 수 있는 가능성이 있다는 사실을 믿으면 좋을 텐데 그것을 실행하지 않기 때문에 자신감을 얻지 못하는 사람들이 대부분이다. 작은 자신감이라도 얻기 위해서는 무엇인가를 계획하고 할 수 있는 것부터 시작해 성공이라는 체험을 반복해야 한다. 작은 자신감이라도 쌓이고 쌓이면 강하고 큰 자신감으로 변한다. 그렇다면 작은 자신감이란 어떻게 생기는 걸까?

처음부터 커다란 도전을 위해 오랜 시간을 투자할 필요는 없다. 우선 작은 실현과 실행이 가능한 계획을 세우는 것만으로도 자신감을 가질 수 있다. 이것을 '계획 자신감'이라 부르자. 이는 단순히 계획한 것에 지나지 않지만 계획을 세우지 않았을 때와 비교하면 분명히 얻을 수 있는 자신감의 크기가 다르다. 미래로 향한 첫발을 내딛기 시작한 증거가 된다. 작은 계획을 먼저 실행하고 반복하면 충분히 커다란 자신감을 얻을 수 있게 된다.

체험 자신감

계획을 세우는데 그치지 않고 실행함으로써 생기는 자신감을 '체험 자신감'이라 하자. 다른 요인이 작용해 실행할 수 없는 경우도 일어날 수 있지만 열심히 노력해서 목표를 달성할 수 있다면 의외로 커다란 자신감을 얻을 수 있다.

아이디어 마라톤은 실로 작은 조각에 불과하다. 하지만 자투리 시간을 이용한 '발상 내기'는 자신감을 쌓을 수 있는 가장 좋은 방법이 된다. 매일 실행하면 자신감은 저절로 쌓인다.

작은 자신감이 쌓이면 더욱 어려운 문제로 나아가는 '어려운 문제 도전 자신감'이 있다. 다른 사람이 보면 무모하게 보일 수 있는 숙제지만 본인에게는 그때까지의 계획 자신감과 체험 자신감으로 만들어진 자신감을 기초로 도전하는 것이다. 단단한 암반에 구멍을 낼 수 있는 것은 그때까지 쌓아놓은 체험 자신감이라는 드릴이다. 이와 같은 과정을 거쳐 훨씬 강건한 자신감을 성취할 수 있게 된다.

5. 앞으로 나아갈 때 인생은 반드시 열린다

새로운 일을 시작하고 지속할 때는 상당한 힘이 필요하다.

사랑을 떠올려 보자. 몇 년 동안 만나며 연인으로 발전한 커플이 갑자기 깨진다면 당사자들은 엄청난 충격을 받게 된다. 세상이 온통 암흑천지가 될 수 있다. 다시는 사랑을 할 수 없을 것 같고 예전과 같은 사랑은 먼 나라 여행처럼 아득히 멀어 보인다. 그래도 새로운 사랑을 찾아 모든 에너지와 지성을 투자해야 한다. 같은 일을 하는 것이 귀찮으면 새로운 사랑의 끝은 보나 마나다.

자신의 인생을 한 발 한 발 열심히 걸어가지 않으면 안 된다. 실제로 새로운 사랑이 시작되면 그때까지의 걱정은 씻은 듯이 사라지고 마음은 흥분으로 가득 찬다. 새로운 사랑을 할 수 없을 것만 같았던 생각은 오히려 사랑을 재미있게 하는 요인으로 바뀐다. 다양한 사랑의 단계를 밟아가는 과정도 즐겁고 희열을 느낄 수 있다.

걱정에서 벗어나 자신의 인생을 잃어버리지 않아 좋았다는 기분이 찾아온다. 처음에는 앞에 놓인 태산이 까마득할지라도 과감히 앞으로 나아가 인생을 연다면 인간은 발전할 수 있다. 산을 넘으면 새로운 세계가 펼쳐진다. 믿어도 좋다.

인생은 절대 포기하면 안 된다

지속력을 갖는 인생도 일을 다시 시작하는 인생도 하나하나 쌓아가는 방법밖에는 별 도리가 없다. 축적되는 과정 속에서 미래가 보인다. 이것은 누구나 아는 사실이다. 보다 합리적으로 축적하는 방법은 없을까?

나는 실패한 다음뿐만 아니라 단순히 일을 시작할 때 신입사원이 될 때 또는 새 프로젝트에 들어갈 때도 공통적으로 통하는 방법은 없을까라는 고민을 시작했다. 가장 좋은 해결책은 아이디어 마라톤의 활용이다. 이것을 시작하면 지속하고 있는 것만으로 발상이 축적되고 경험치가 늘어나며 재기했을 때 생각보다 높은 목표를 설정할 수 있게 된다. 아이디어 마라톤이란 '자신의 노트를 만들어 매일 무엇인가를 계속 써 나가고 주위와 이야기하는 것'이다. 기본적으로 노트와 펜만 있으면 어디서든 누구나 시작할 수 있다. 지금부터 노트를 가지고 다니며 활용해 보자.

6. 성공에도 정석이 있다

이 책은 사회 초년생들이 일을 할 때 시뮬레이션용으로 참고가 될 만하다. 심기일전하여 새롭게 시작할 때 반드시 활용하길 바란다. 사람에 따라 다를 수 있으나 비즈니스맨들에게는 유용하게 활용될 수 있을 것이라 확신한다.

지금부터 사회에 진출해 일하려고 하는 신입들은 오랜 비즈니스 활동 중에 어떠한 일이 일어날 것인지 미리 파악할 필요가 있다. 여러 가지 문제에 부딪혔을 때 당황하지 말고 차분하게 이 책의 제안을 떠올리고 행동으로 옮겨라.

신입 사원뿐만이 아니다. 일상적인 일들에 조금씩 지루함을 느끼는 경력 사원, 일에서 뜻하지 않은 실패를 경험한 사람, 중요한 사업을 수주하지 못해 절망에 빠진 담당자, 좋은 평가를 받지 못해 초조함을 느끼는 간부 후보생, 자신의 사업을 구상하고 있는 사람들도 똑같이 활용할 수 있다.

일과 생활의 스트레스로 최악의 상태에 빠져 있다면 이 책을 읽고 강한 의지로 자신을 바꾸길 진심으로 바란다.

PDAC란?

비즈니스와 인생에서 새로운 일을 시작할 때 공통적으로 거치는 과정이 있다. 바로 계획이다. 계획은 모든 것의 시작이 된다. 우선 계획을 세우고 자신의 주변을 정리한 후 적극적인 행동에 돌입하자. 그 다음은 지속이다. 이것이 새로운 시작의 정석이고 실패가 적은 비즈니스와 강력한 인생을 만드는 방법이다. 이것을 PDAC라 부르기로 한다.

- PLAN 계획
- DEFENCE 방어
- ACTION 행동
- CONTINUATION 지속

PLAN(계획)

계획을 세우는 가장 주된 이유는 가능한 목표에 가까운 성취를 이룰 수 있기 때문이다. 한두 가지 계획이라도 정해져 있을 때 그 목표는 성공할 가능성이 커진다.

개인이 세우는 계획에는 몇 가지 종류가 있다. 객관적으로 무엇을 하려고 하는가? 무엇을 해야만 하는가? 무엇이 하고 싶은가? 무엇이 일어날까? 등이 있다.

이러한 계획은 정리하지 않으면 떠오르지 않는다. 일일이 생각하지 않으면 생각할 수 없는 항목들이 많기 때문이다. 이 항목들은 항상 적어둘 때 전체의 모습을 드러낸다.

계획안은 가능한 많이 만들고 그중에서 실행할 만한 것을 선택한다. 계획안을 그때그때 노트에 적어두면 이것이 아이디어 마라톤 실행이 된다.

아이디어 마라톤을 처음 실행하는 사람은 계획을 수립하는 일부터 시작할 것을 권한다. 누구나 계획 몇 개쯤은 갖고 있을 것이다. 따라서 누구나 아이디어 마라톤을 할 수 있다.

DEFENCE(방어)

계획을 세우자마자 곧바로 행동에 들어가는 것은 성급하

다. 지금까지와는 다른 자신이 되어 실행하지 않으면 안 된다. 신입 사원의 경우 하찮은 부주의와 실패 때문에 잘못된 이미지가 오랫동안 남을 수 있다.

몇 년을 일해도 똑같은 실수를 반복한다면 아무리 새로운 일을 시도하려 해도 주위 사람들이 그렇게 봐주지 않는다. 피할 수 있는 잘못, 반복되는 실수는 즉시 고쳐야만 한다. 이것은 비즈니스 세계에만 적용되는 것이 아니다. 개인 생활에서도 실수를 반복하지 않는 것이 중요하다. 이 책에서는 전형적인 비즈니스와 생활 부주의, 실수 등을 열거해 적극적으로 고치는 방법들에 대해 말하고 있다.

실수들을 고치고 반년쯤 지나면 그때까지의 부주의하고 경솔한 이미지에서 벗어나게 된다. 그러면 이런 말들을 들으며 실제 자신이 갖고 있는 실력을 발휘할 수 있을 것이다.

"오! 변했는걸!"
"아주 다른 사람 같아."
"열심히 하는군!"
"이제 뭔가 알 것 같지."

ACTION(행동)

행동은 천차만별이다. 일의 내용에 따라 생활, 나이, 환경에 따라 많은 행동의 차이를 불러온다. 그러나 어떠한 일이나 생활을 해도 새로운 발상은 반드시 필요하다. 발상을 하지 않으면 수주를 따거나 풍요로운 인간관계를 맺기 어렵다.

행동에 옮기기 위한 지침은 간단해야 한다. 그리고 어떠한 행동도 지속력을 염두에 둔 것이므로 열심히 노력할 필요가 있다.

CONTINUATION(지속)

계획을 세우고 단단히 마음을 먹은 후 행동에 옮긴다. 이것을 끊임없이 되풀이한다. 하나의 비즈니스를 완성하고 인생을 살아가는 방법이다. 처음에는 신중하게 시작하고 강력하고 대담하게 그 회전 속도를 점차 높여간다. 그럼 예상치도 못했던 비연속적인 비약의 순간을 경험하게 된다. 계단 하나를 오른 것이다.

'레벨 업(비약)'이라는 말이 있다.(92 페이지 참조) 무엇을 계속할 때 어느 일정 시점을 넘으면 돌연 커다란 변화와 효과가 나타난다는 뜻이다. 일을 중간에 그만두거나 띄엄띄엄하면 아무리 시간이 흘러도 레벨 업의 순간은 찾아오지 않는다. 레벨을 뛰어넘기 위해서는 지속적이고 창의적인 노력을 해야 한다. 부단히 노력하면 눈부신 레벨 업의 순간은 저절로 찾아 온다.

PDAC의 단계를 밟기 위해서는 한 권의 노트와 책이 필요 하다. 그것들을 옆에 놓아두자. 지금까지 사용한 노트와 수첩 이 있다면 그것을 사용해도 관계없다. 아직 정해진 노트가 없 다면 A5 크기의 노트를 권한다. 한 권의 노트가 당신의 인생 을 인도하는 나침반이 되어줄 것이다.

또한 모든 단계를 통해 자연스럽게 앞으로 나아가는 수단 으로 아이디어 마라톤의 시작과 실행을 권한다. 아이디어 마 라톤은 내가 독자적으로 고안하고 개발한 방법이다.

아이디어 마라톤은 인생 개척을 위한 시스템이다. 반드시 도전해 보기 바란다.

7. 계획을 '한 권의 노트'에 써 보자!

현대사의 중요 결정들은 모두 노트에서 비롯되었다. 예를 들면 태평양전쟁도 단 한 권의 노트에서 시작되었다 해도 과언이 아니다.

통풍이 좋은 넓은 방. 해군참모총장이 작전과장을 불렀다.

"미국과의 전쟁을 위한 작전을 세워라. 기간은 ○○까지다."

"예, ○○까지 개전을 위한 작전을 만들겠습니다."

작전과장은 떨리는 목소리로 대답했다.

"좋아. 나가 봐."

참모총장 방을 나온 작전과장은 자신의 자리로 돌아와 차를 마시며 깊게 호흡을 한 후 한 권의 노트를 꺼내 표지에 '극비 대미 작전 계획'이라고 썼다.

그리고 역사적이고도 대담한 공격 계획이 수립되었다. 컴퓨터도 복사기도 녹음기도 없던 시대다. 태평양전쟁의 개전은 이처럼 단 한 권의 노트에서 시작되었을 것이다.

시작은 한 권의 노트

나는 미쓰이 물산에 입사한 후 새로운 근무지와 직책을 맡으면 제일 먼저 노트에 적었다. 나중에는 연속적인 아이디어 마라톤 노트를 사용하기 시작했기 때문에 발상의 항목을 추가했다.

- 베트남 하노이 주재 계획을 세운다
- 네팔 카트만두 주재 계획을 세운다

새로운 부임지가 정해지면 그 시점부터 계획을 생각했다.

모두 4번, 18년에 이르는 해외 근무는 나의 인생에 중요한 사건이었고, 바로 그때가 노트를 활용할 적절한 시기였다. 부임지에서 머릿속에 떠오르는 일과 생활의 가능성을 노트에 수없이 적어나갔다. 떠오른 생각들을 적지 않고는 새로운 곳으로 떠날 엄두가 나지 않았다. 노트에 새로운 부임지에서 일어날 일들과 계획을 적을 때는 가슴이 두근거리기까지 했다.

1978년, 사우디아라비아 부임이 결정됐을 때 나는 서아프리카 나이지리아의 라고스에 있었다. 일본으로 잠시 돌아올 수 있었기 때문에 사우디아라비아에 가지고 갈 것들을 생각하기 시작했다.

- 가능한 많은 책을 구입할 것
  (서점에서 15만 엔어치 문고본 책을 산다)
- 떡 만드는 기계 지참
- 비디오레코더 지참
- 아이들 교육 문제 생각할 것

여러 가지 생각을 정리해 노트에 적었다.

새로운 일을 시작할 경우 기본 원안은 컴퓨터보다 노트가 용이하다. 계획 내용이 점점 구체화되고 상세히 첨가되면 치밀한 계획들이 만들어진다. 사우디아라비아에 부임할 당시 컴퓨터는 물론 워드프로세서조차 없었다.

컴퓨터를 사용할 경우 첫 문장을 '네팔 수출품 생각'이라고 쓰더라도 결국 그것으로 그치고 말기 때문에 단순한 문장 파일로 보관하게 된다. 메모장에 적어도 좋지만 쉽게 꺼내보기 어렵다.

반면 노트의 경우는 간단하다. '네팔 수출품 생각'이라고 쓰고 같은 노트에 점차 무엇을 어떻게 할 것인지 적어 넣는다. 그 다음에 컴퓨터가 필요하다. 노트에 기록한 것들을 종류별로 정리해서 컴퓨터에 일람표를 만들어 저장한다. 그리고 인쇄한다. 이것이 나의 방식이다.

입학, 졸업, 유학, 승진, 이동, 전근, 장기출장, 퇴사 등과 같은 중대한 일에 덧붙여 결혼, 출산, 자녀의 진학, 집을 지을 때, 이혼, 가까운 사람의 죽음 등 모든 것을 노트에 적는다.

특히 다음 장에서 설명하겠지만 부모님이 암에 걸린 사실을 알고 돌아가시기 전까지 의지가 된 것은 바로 노트였다. 호

노트를 정리해서 모아 둔 나의 서재

주 유학을 결정했을 때, 부모님 사업이 부도났을 때, 재기를
결심했을 때, 대학 복학 후 아내와 사랑에 빠졌을 때, 미쓰이
물산에 입사했을 때도 항상 노트가 있었다.

또 한 가지 중요한 것이 있다. 이렇게 중요하고 긴요한 시점
의 노트들을 계속 보관하는가의 여부다. 안타깝게도 나는 미
쓰이 물산 입사 후 사우디아라비아에 주재하기 전까지 노트
는 거의 남아 있지 않다.

하지만 1984년부터는 모두 남아 있다. 중대 사건과 계획 모두를 같은 식으로 노트에 기록했기 때문이다. 이때부터 다른 노트들은 쓰지 않았다. 노트를 제각각 쓰면 잃어버리거나 버릴 수 있기 때문이다. 각각의 노트를 사용하면 끝까지 쓰지 않는 경우도 많이 생긴다. 끝까지 쓰지 않는 노트들은 버려지기 쉽다.

오랜 경험에 비추어 볼 때 그런 노트들은 버려질 운명에 처한다. 이와 같은 일은 어떻게든 막아야 할 필요가 있다. 그래서 나는 노트를 하나로 통일했다.

1984년 1월, 사우디아라비아에서 쓰기 시작한 노트에는 번호를 붙였다. 그 이후 384권까지 노트는 이어지고 있다. 단 한 권의 노트도 빠짐없이 서재에 꽂혀 있다.

아마 누구나 중대한 결심을 하거나 결단을 내릴 때 문제를 조금이라도 풀어내려고 노트와 수첩을 쓰고 있을 것이다. 그러면 일생 동안 쓸 수 있는 노트를 만들면 어떨까?

쿠크 선장의 항해일지도 다윈의 탐험일지도 모두 노트였다. 모험은 한 권의 노트에서 시작된다. 사람들의 인생은 모험으로 충만하고 충분히 기록할 만한 가치가 있다. 새로운 일을 시작하려면 일단 노트를 만들어라. 모든 일을 시작하기 위해서는 의지가 될 수 있는 도구가 필요하다. 그것이 바로 노트다.

계획 제일주의

어떠한 일이든 새롭게 시작하려면 계획부터 출발하는 것이 보통이다. 새로운 일을 시작할 때, 지금까지와는 다른 길, 미지의 영역, 지도에 없는 산속을 헤맬 가능성이 있을 때, 그곳에서 무엇이 일어날지 잘 모를 때 우리 인간은 불안하다.

그렇기 때문에 지금까지의 경험을 활용하여 앞으로 일어날 일들을 예측해 보는 것이다. 물론 스스로 생각하거나 다른 사람의 충고를 듣거나 때로는 책을 통해 배우기도 하지만 최종적인 판단은 자신에게 달렸다.

머릿속에는 방대한 양의 기억이 있음에도 불구하고 지금 생각할 수 있는 것은 단 하나다. 계속 생각을 하다보면 앞에 떠올랐던 생각들은 잊어버리게 된다. 뇌는 간단한 것조차 기억하지 못할 때가 많다.

"앞으로 300미터 가서 두 번째 교차로에서 왼쪽으로 돌아 오른쪽 세 번째 집입니다."

이 정도라면 기억하겠지만 전화번호 세 개를 기억하라면 쉽지 않다. 5분도 지나지 않아 잊어버릴 것이다.

독일의 심리학자인 헤르만 에빙하우스(1850~1909)는 다음과 같은 망각곡선을 발표했다. 사람들에게 무의미한 알파벳을 기억시키면 다음과 같다고 한다.

20분 후에는 42퍼센트를 망각하고
1시간 후에는 56퍼센트를 망각하고
1일 후에는 74퍼센트를 망각하고
1주일 후에는 77퍼센트를 망각하고
1개월 후에는 79퍼센트를 망각한다

「기억에 관하여」(헤르만 에빙하우스)

하지만 실제로는 더 높을 것이라 생각한다. 의미도 없는 알파벳 나열을 한 달 후에 21퍼센트나 기억할 리가 없다.

에빙하우스가 피험자에게 기억시키려 한 문자 나열은 랜덤 숫자와 알파벳으로 이루어진 의미 없는 여섯 개 내지 일곱 개의 조합으로 그것들을 아무리 외우려 노력해도 2개월이 지나면 20퍼센트도 기억하기 힘들 것이다.

그런데 의미 없는 부호가 아니라 중요한 의미가 담긴 계획 역시 똑같다. 이번 주에 할 일이라도 월요일에 수요일이나 금요일의 계획을 기억한다면 이 역시 위험하다. 만약 변경이 되었을 경우 원래의 기억이 확실하면 할수록 변경된 일을 잊어버리기 쉽다. 중요한 프로젝트를 실행할 때 실수가 자주 발생하는 이유는 중간에 변경된 사항을 잊기 때문이다.

뇌와 노트의 협력

사람들은 어떤 일을 잊지 않기 위해 노트를 활용한다. 수첩도 상관없지만 노트와 적는 양에서부터 완전히 차이가 난다. 노트는 우리의 뇌가 갖는 기억장치의 일부라고 생각한다.

해야 할 일을 적어 놓은 리스트는 별도로 하고 각각의 메모장에 장기 계획을 써두는 사람은 많지 않다. 수첩에도 계획을 쓸 수는 있지만 상세하게 적을 수는 없다. 최종목표와 각 항목들도 중요 단어에 그친다.

하지만 노트는 다르다. 글을 쓰는 사람, 계획표를 만드는 사람, 자세히 기록하는 사람들은 노트를 더 선호한다. 단, 주의할 사항이 있다. 계획의 시작과 변경 사항, 마지막 계획 날짜는 절대적으로 기록해야 한다. 날짜가 들어 있지 않으면 계획이 뒤죽박죽되기 쉽다. 이럴 경우 노트가 단연 편리하다. 수첩으로는 곤란하다. 수첩은 다시 보기 위해 만들어졌지만 크기가 작아 자세히 쓰다 보면 눈이 피로해져서 중요한 내용을 간과하기 쉽다. 수첩에 적은 계획은 컴퓨터에 옮기기 전까지가 생명의 끝이라고 보면 좋을 것이다.

노트에 모든 계획을 기록한 다음 우선순위를 정한다. 이번 주 계획 또는 이번 달 계획, 이번 분기 계획 등으로 분류해서 쓰기 시작하면 나중에 정리하기가 쉽다. 이 작업은 노트 안에서 해도 좋고 컴퓨터를 사용해도 좋다.

노트 안의 계획

2004년에 퇴직한 나는 스스로 고안하고 개발한 아이디어 마라톤 발상 시스템을 보급하기 위하여 '아이디어 마라톤 연구소'를 설립했다.

노트는 언제나 인생의 작전 본부였다. 수첩도 활용했지만 노트가 중심이었다. 일에서도 생활에서도 노트를 중심으로 계획을 수립하고 실행했다. 그 효과는 말로 설명할 수 없을 만큼 엄청나다. 누구나 어린 시절부터 노트를 사용한 경험을 가지고 있다. 인생의 과도기, 변화기, 변동기에 새로운 기회를 최고로 살리기 위한 가장 좋은 방법은 노트를 유용하게 활용하는 것이라 생각한다. 인생이 중요한 시기에 놓였다면 제일 먼저 노트 활용을 권한다. 당신의 생각이 적힌 노트는 당신의 외부기억장치이자 시각화된 발상이다.

노트에 좋은 계획을 많이 기록하는 일은 성공과 행복의 첫걸음이 된다. 일단 실현성에 대해서는 그다지 집착할 필요가 없다.

앞에서 언급한 것처럼 노트를 최대한 활용하면 중요한 시기에 어려움을 극복하고 다시 일어설 수 있다. 사업과 일의 실패에서 벗어나 다시 출발할 수 있다. 아무리 최악의 상황에서도 노트를 기초로 다음 계획을 세울 수 있다면 포기하지 않아도 된다. 폭풍이 몰아치는 상황에서도 나침반 역할을 할 수 있는 노트만 있다면 언젠가는 폭풍을 헤치고 순항할 것이다.

노트는 당신의 생활과 인생을 지키는 다양한 수단으로 활용된다. 그리고 노트를 이용해 일과 생활의 새로운 가능성을 넓힐 수 있다. 노트에 계획을 쓰자. 미래에 대한 계획을 세울 때 바로 떠오르지 않을 경우가 종종 있겠지만 생각나는 대로 기록하면 된다. 순서에 구애받지 않고 노트에 적는 아이디어 마라톤 방법이 뇌의 활동에 가장 좋은 영향을 미친다고 생각한다.

노트는 준비되어 있는가? 사용하기 편리한 노트가 준비되어 있다면 그것을 사용하면 된다. 내가 권하는 노트는 A5 크기다. A5 파일 노트에는 장점도 있지만 단점도 있다.

장점	단점
수첩보다 많이 쓸 수 있다	수첩보다 크다
A4보다 집약적이다	A4보다 작다
분리가 쉽기 때문에 복사와 스캔을 자유자재로 할 수 있다	분리가 쉽기 때문에 날짜와 내용이 불명확해 질 수 있다

A5 파일 노트의 장·단점

스캐너를 이용할 때 양면 칼라 스캔을 자유자재로 할 수 있다. 노트가 늘어나도 보통의 무선 노트보다 복사가 자유롭다. 파일 분리가 손쉬워서 종이 공급도 원활하다.

23년 동안 세계를 누비며 사용한 마루망 파일 노트는 아무리 거칠게 다뤄도 현재까지 348권 모두가 손상 없이 잘 보관되어 있다. 또한 마루망과 코쿠요의 A5 용지는 종이 질 변화가 그다지 크지 않다. 아주 양질의 종이라고 확신한다. 쉽게 분리할 수 있는 점이 이 노트의 최고의 장점이다.

8. 보람을 찾을 수 있다면 승리한 인생이다!

냉정하게 생각해 보자.

부자가 되어 저택에 살고 마지막까지 비즈니스를 하며 화려한 곳에서 비싼 술과 음식을 먹고 고급 차를 타고 다니는 것이 행복의 조건일까? 지켜야 할 재산이 있고 대단한 비즈니스를 하기 때문에 지나치게 신경 써야 되는 것은 아닐까? 가족끼리 정이 있고 건강하게 생활할 수 있다면 어느 정도 부족하더라도 모자람이 없을 것이다.

나는 작은 나라를 포함해 50개국이 넘는 나라를 다녀봤다. 그러면서 알게 된 친구의 이야기와 견문 지식들을 여러 권의 에세이로 정리했다. 이 에세이가 나의 인생을 보여주고 있다고 해도 과언이 아니다.

앞으로도 체력이 허락하는 한 국내와 해외를 여행하고 싶다. 많은 사람들과 이야기하고 싶고, 나의 이야기도 들려주고 싶다.

보람은 실질적인 존재 가치를 높인다

아이디어 마라톤 발상법을 보급하고 여러 가지 아이디어를 실현하는 것이 내 인생의 보람이다.

보람이 있는 한 살아 있다는 사실을 실감할 수 있다. 살아갈 용기와 욕구가 왕성하게 피어난다. 살아가면서 보람 자체가 서서히 바뀌기도 한다. 아이들이 어른이 되어 독립하고 손자가 생기면서 가족이 늘어가는 일도 보람이 되었다. 동시에 여러 개의 보람이 생길 수도 있다. 나는 항상 새로운 보람이 될 수 있는 일들을 구상한다.

만약 사람들에게 새로운 보람이 생기지 않는다면 실질적인 존재 가치를 잃게 될 것이다. 계속 일에만 몰두한 사람은 정년을 맞이한 후 일 이외에 보람이 될 만한 것들을 떠올리기가 쉽지 않다. 이미 경제적 능력에서 혜택을 받고 있는 사람들의 경우에는 결국 보람이 될 만한 일을 갖고 있는가에 따라 인생 전반이 결정되기도 한다.

그럼 도대체 보람이란 무엇인가? 보람은 인생을 오래 살면서 다른 어떤 조건이 부족하더라도 자신의 삶에 당당하고 자랑스러울 수 있는 중요한 요인이다. 보람은 젊을 때 구상하고 준비하는 것이 무엇보다 중요하다. 왜냐하면 삶의 보람을 찾고 그 일을 실행한다는 것은 돈으로는 보상 받을 수 없는 만족감을 가져다주기 때문이다.

보람은 계획을 세우고 꿈을 쓰는 작업에서부터 출발한다. 보람될 일을 생각하고 그것을 실질적이고 본격적인 행동을 통해 보람으로 승화시켜 나간다. 노트에 보람에 대한 항해도를 그려나가는 것이 바람직하다. 시간이 흐르며 자신의 삶을 향한 의지와 족적들이 기록되어 간다.

지속력 육성 코너 1

:: 지속력의 구성요소 ::

지속력을 키우기 위해서는 다음과 같은 것들이 필요하다.

목적

지속력을 얻기 위해서는 먼저 무엇을 목표로 할 것인지 결정할 필요가 있다. 목적이 있을 때 비로소 지속력이 생긴다. 앞에서 목적은 계획을 세우는 일이라고 설명했다.

처음부터 목적이 분명하다면 목적을 이루기 위한 행동을 계속 이어가면 된다. 이 과정을 통해 지속력이 점차 쌓이기 시작한다. 그러나 목적이 불분명한 상태에서 무엇인가를 시작하는 경우가 있다. 그럴 때는 실행하는 사람의 나이와 감, 경험치가 이를 뒷받침 한다.

시간

지속력의 핵심은 역시 시간이다. 시간을 투자하지 않으면 지속력이 몸에 배지 않는다. 하지만 시간을 사용할 때도 반드시 오랜 시간을 투자한다고 좋은 것은 아니다.

오히려 시간에 대한 감각과 아주 짧은 시간을 어떻게 활용하는가에 따라 커다란 차이가 발생한다. 누구나 하루 중 무의미하게 보내는 시간은 분명히 있을 것이다. 남는 시간들을 활용하고 축적하면 훌륭하게 시간을 이용할 수 있다.

반복

반복은 시간 활용과 거의 같은 의미다.

그리고 지속력과 같은 방향을 걷는다. 어떤 목적을 달성하려고 반복해서 실행하는 것은 지속력에 엄청난 효과를 가져온다.

그런데 반복하면서 자신만의 독특한 방식을 찾는 일을 잊어서는 안 된다. 유도와 검도에서도 같은 동작을 반복해서 연습하는 일이 중요하지만 형태에만 집착한다면 승부에서 이길 수 없다.

집념

무엇인가에 집착해서 지속해 나가는 과정이 지속력을 기르는 기본적 방식이다. 다른 사람에게는 고지식하게 보이는 것도 목적이 명확하게 달성된다면 집착은 점차 강한 의지 또는 노력이라는 형태로 바뀌게 된다.

위대한 사업은 누군가의 집념에 의해 시작되고 계속되며 완성되는 경우가 많다. 집념이 인류 역사를 만들었다고 해도 좋지 않을까? 집념은 사명감의 개념도 포함하고 있다. 배우려는 열의나 자기계발 의지도 집념의 일종이다.

환경

주위 사람들이 격려를 해주면 지속력에 도움이 될 때가 많고, 반대로 주위에서 반대하고 비판하면 좋은 분위기가 아닐 때도 지속력을 키울 수 있는 예가 종종 있다.

그런데 중요한 점은 네거티브 파워가 상당히 유용하다는 것이다. 직장이나 사회에서 스트레스가 많을 때, 스스로 자기 자신의 위치에 대해 만족하고 있지 않을 때, 누군가 또는 무엇인가에 분노를 느낄 때 또는 다른 사람을 부러워할 때 적지 않은 네거티브 파워를 느낄 수 있다. 하지만 스트레스가 보다 심각할 경우 자기 자신의 목숨을 던지는 사람도 있기 때문에 네거티브 파워를 지속력으로 향상시키기 위한 추진력을 길러야 한다. 이 승화하는 과정이 위대한 발상의 전환이 된다.

나의 경우에는 부정적 요인들을 느꼈을 때 아이디어 마라톤을 통해 극복했다.

행운

사람이 하고 있는 일은 우연치 않은 행운이 작용해 지속되기도 한다. 그 시대와 사회 그리고 회사가 필요로 하는 것이 맞아 떨어질 때 진행하는 일은 상승효과를 발휘한다. 하지만 필연적으로 상황에 잘 맞는 조건은 찾아보면 얼마든지 있다.

생각지도 않게 행운이 나타나는 것이 아니라 이와 같은 행운은 누구나 갖고 있지만 사용 방법과 타이밍을 모르는 것이 아닐까? 행운에 대해 자세히 분석하면 보다 많은 사람들이 이를 활용할 수 있지 않을까 생각한다.

여기서 설명한 요소 이외에도 익숙함, 수단의 좋고 나쁨 등 다양한 요소들을 생각할 수 있다.

제 2 장

당신의 5년 후 인생 계획을 노트에 써 보자!

1. 당신은 노트파인가 수첩파인가

여러 가지 일들을 써 놓았던 젊은 시절의 노트. 당신은 예전 노트에 무엇을 기록했는지 생각나지 않을 것이다. 노트 속에는 젊은 시절의 많은 기억들과 추억 그리고 희망과 꿈이 기록되었을 것이고 자신만의 발상과 노력들도 들어 있을지 모른다. 아직 노트가 남아 있다면 상자 속에서 꺼내 서가에 당당히 정리해 보자.

노트는 어디에 있습니까?

지금까지 당신이 사용한 수많은 노트들은 도대체 어디로 갔을까?

대부분의 노트는 버려지거나 상자 속에서 썩어가고 있을 것이다. 지금부터 사용할 인생 노트는 절대 버려서는 안 되고 서랍 속에 묵혀서도 안 된다. 노트 속에 적어둔 당신의 계획들이 이루어지고 실현될 수 있는 기회를 봉인하는 셈이다.

나의 노트 분류를 보면 학교에서 공부할 때 쓰는 1차 노트, 일기와 가계부와 같은 2차 노트 그리고 가장 중요한 생각을 기록하는 3차 노트가 있다. 1차 노트에는 2차와 3차 노트를 혼용하지 않는 것이 좋다.

뇌의 능력을 활성화하는 가장 좋은 방법

자신의 뇌의 능력을 오늘 당장이라도 향상시킬 수 있는 간단한 방법이 있다. 노트를 늘 갖고 다니며 사용하고 무엇이든 기록해 두는 것이다. 뇌는 무한정 활성화할 수 있고 누구나 실행할 수 있다. 노트를 가지고 다니며 기록하기만 하면 되기 때문이다.

노트를 사용하는 방법만으로 뇌가 기억을 유지하는데 드는 부담이 최소한에 머무를 수 있다. 기억한 일은 가능하면 노트와 수첩 그리고 컴퓨터에 입력해 필요한 때 꺼내 쓰면 좋다. 대신에 뇌는 생각하는 일, 다시 말해서 창조적인 일에 전념하도록 한다. 대부분의 사람은 지금까지 암기라는 방식만을 고집해 과중한 정보를 뇌에 입력해 왔다.

몇 시간 정도라든가 며칠 정도는 노트를 아무리 사용해도 뇌에는 그다지 큰 영향을 미치지 않는다. 노트를 항상 갖고 다니며 이용하고 최저 3개월 정도라도 생각한 것을 즉시 정해진 노트에 계속 쓴다면 확실히 뇌가 가벼워지는 느낌을 받기 시작할 것이다. 이것이 지속력이다.

뇌는 기억하는 일보다 다양한 판단을 재빠르게 내리는 데 사용하는 것이 효과적이다. 선택 방법도 많고 결론도 빨리 나온다.

뇌 속에는 방대하지만 애매한 전체 모양들이 입력되어 있다. 한편 노트 속에는 카테고리별로 자세한 설명이 기록되어 있다. 뇌가 기억이라는 스트레스에서 해방되면 오히려 기억하려는 잠재의식이 강화된다. 노트에 적어 놓았을 경우 뇌는 그것들을 단순히 뇌 속에서 생각한 것보다 훨씬 명확하게 기억하는 성향이 있다.

뇌와 노트는 최적의 하모니를 이룬다. 불분명한 메모지와 자세한 윤곽선의 조화라고 할 수 있다. 오랜 시간 이 조합을 활용하면 뇌는 노트를 자신의 일부로 생각하고 서로 통신을 시작한다.

더욱이 뇌와 노트의 조합에 수첩과 컴퓨터를 첨가하면 기동력이 생긴다. 수첩에서는 타이밍을 놓치지 않으며 즉시 기록할 수 있고, 컴퓨터로는 방대한 디지털 기록과 편집 그리고 인터넷의 접근과 웹 정보 조합을 가장 빠르게 처리할 수 있다.

이것이야말로 가장 강력한 지적 환경의 원천이 된다.

지속력을 기르려고 하는 사람에게 멋진 일은 뇌와 노트의 조합 시간이 길수록 수많은 발상과 생각들이 노트에 남는다는 것이다. 그리고 발상과 생각은 뇌와 기억의 주문에서 자유롭게 되어 점점 활성화된다. 나이와 성별에 관계없이 무제한으로 뇌를 활성화해 갈 수 있다.

노트에 어떻게 쓸까?

노트에 기록을 하는 이유는 나중에 다시 사용하기 위해서다. 극단적으로 말하면 한 번 쓰고 다시는 보지 않을 노트는 어떠한 방식으로 써도 보존할 값어치가 없다.

노트는 다시 읽어보기 위한 목적이 있기 때문에 쓰는 것이다. 그것도 대부분 자기 자신이 읽는다. 자신의 눈을 통하여 자신의 뇌가 읽는다. 자신의 뇌가 읽을 수 있게 하려고 자신의 손을 사용하여 노트에 기록할 필요가 있는 것이다. 따라서 읽기 쉽게 쓸 필요가 있다. 다른 사람에게 보여줄 노트라면 다른 사람이 보기 쉽게 써야 하지 않을까?

노트는 펼쳤을 때 한 번에 훑어볼 수 있는 '일목요연성'이 필요하다. 자세히 읽는 것보다 오히려 대충 읽어보고 간단한 음미와 참고용으로 활용할 수 있는 수첩처럼 사용될 수 있어야 한다.

노트를 사용하고 있는 사람들 중에는 한 줄도 틈이 없게 상세하고 빼곡히 쓰는 이가 상당히 많다. 빽빽하게 쓰면 기록성은 뛰어나지만 인간의 뇌는 작은 글자를 읽는데 쉽게 피로를 느낀다.

학교에서의 노트 사용법은 선생님이 칠판에 쓰는 내용을 옮겨 적고 자신이 나중에 알아볼 수 있으면 그만이다. 이 경우는 단지 노트에 적는 것만이 아니라 나중에 집에서 다시 외우기 위해 필기를 하기 때문이다.(1차 노트)

하지만 사회에 나오면 노트는 여러 가지 형태로 사용된다. 의사록 메모(2차 노트), 취재 메모(2차 노트), 정식 보고서 작성 전에 준비를 위해 기록하는 메모도 많다. 이 경우 각각 항목별로 밀집시켜 정리하는 형태를 취하는 예가 많다. 여기까지는 기록으로써만 사용한다.

그렇지만 같은 노트 사용법이라도 자신의 계획과 꿈에 대한 기록은 절대로 상세하게 집약해서 적으면 안 된다.

노트에 계획과 발상을 적을 경우 항목과 항목 사이에 빈칸을 두는 것이 중요하다. 계획이든 발상이든 각 항목마다 행을 비워 두고 적어야 한다. A5 크기 용지라면 한 페이지에 6~8개의 항목을 정리하는 것이 적당하다. 그림과 도표를 첨가하면 읽기 편하고 알아보기 쉽다.

글씨를 잘 쓰고 못 쓰고의 문제가 아니라 알아보기 쉬운 글자로 쓰고 읽기 쉬운 배치와 간격으로 써 놓으면 나중에 편리하다. 직접 쓴 글씨는 익숙해져 있기 때문에 쉽게 알아볼 수 있다.

노트 안에서도 이곳저곳에 적으면 안 된다. 뒤쪽부터 쓰지 않도록 하고 여러 권의 노트에 나누어 적는 것은 피하도록 하자. 백지 부분이 남아 있거나 마지막 페이지까지 사용하지 않은 노트는 대부분 버려지기 쉽다. 각 프로젝트에 따라 구분하는 경우는 별도로 한다.

한 권의 노트에 시간대별로 적어 놓는 것이 나중에 이해하기 쉽다. 내용별로 각각의 노트에 쓰는 것은 문제가 된다. 공부하는 학생일 경우는 다르지만 일과 생활, 나아가 개인적인 생각 노트는 가능하면 한 권으로 통일한다. 노트를 각각 나누면 알아보기 쉬울 것 같지만 오랫동안 노트를 활용하다 보면 순서가 뒤죽박죽이 된다. 여러 개로 분류한 노트가 늘어나면 오히려 관리가 귀찮고 사용한 뒤에 정리가 쉽지 않다. 노트 한 권만을 잘 관리하면 되기 때문에 노트 보관과 휴대에 익숙해져서 분실할 염려가 적다. 나의 경우 업무 노트와 개인 노트를 같이 사용한다.

개인 노트를 보면 익숙한 필체이기 때문에 내용을 손쉽게 파악할 수 있다. 따라서 더 많은 생각을 떠올릴 여유가 생긴다. 노트는 뇌의 사고력을 자극하는 촉매제다.

인생 60년 동안 노트를 사용하며 생각과 기억을 활용했다. 내가 노트를 사용하기 시작한 이유는 스스로의 기억을 전혀 믿지 못했기 때문이었다. 학생 때는 노트에 같은 내용을 수십수백 번 쓰며 외웠기 때문에 노트를 기억을 위한 도구라고 생각했다. 하지만 최근에는 무엇이든 노트에 적어두면 나중에 편리하고 안전하게 내용을 확보할 수 있어서 실현하기도 쉽다는 사실을 알았다.

기억할 필요가 있는 내용이지만 잊고 있어도 문제가 안 될 경우가 많다. 하지만 노트에 기록이 되어 있으면 상기시켜 활용하고 일과 생활 속에서 여러 차례 이득을 보기도 한다. 노트가 뇌의 정확한 기억을 일깨워 실제 생활과 일에 활용할 수 있다.

마지막까지 사용한다

'이 노트가 맘에 든다'라고 생각하면 그 노트를 사용하면 된다. 대신 그 노트를 철저하게 쓴다. 마지막 페이지까지 다 쓰는 일이 무엇보다 중요하다. 그리고 노트를 항상 갖고 다닌다. 마지막까지 사용하지 않은 노트와 수첩은 버려질 운명에 처하기 쉽다.

어떠한 노트와 수첩을 사용해도 좋지만 앞으로 여러 권의 노트를 계속 이어 쓰려면 책꽂이에 똑같은 종류의 노트가 꽂혀 있는 것이 알아보기 편하다. 노트에 번호를 붙이면 더더욱 좋다.

종이 품질이 좋고 가격이 비싸지 않은 것이 중요하다. 나의 경우 마루망 A5 파일 노트를 사용하고 있다. 파일 노트 표지는 플라스틱이다.

나의 노트는 더블버거처럼 두껍다. 통근할 때나 출장을 갈 때 그리고 해외에 나갈 때도 항상 갖고 다니며 가방 안에서 이리저리 짓눌렸지만 아직도 표지가 찢어지지 않았다는 사실은 기적에 가깝다. 역시 노트의 품질이 좋은 것이 분명하다.

파일 노트의 종이도 23년 전이나 지금이나 똑같고 색도 전혀 변하지 않았다. 따라서 다른 노트로 바꿀 필요가 없었다. 또 스캐너를 사용할 때 무선 노트나 스프링 노트보다 간편하게 분리해서 쓸 수 있었다.

나는 348권의 노트(전부 5만 페이지 이상)를 다른 일을 하는 동시에 스캐너로 한 페이지씩 복사해 두었다. 이 작업은 단 2주의 시간밖에 걸리지 않았다.

내가 노트를 쓰기 시작한 1984년경에는 상상도 할 수 없는 일이었다. 사무자동화가 이루어진 것이다. 이것이 무선 노트였다면 절대 할 수 없는 일이다. 스캐너로 복사한 노트 내용을 다시 정리하며 과거 27만 개 이상의 발상을 점검하기 시작했다.

무엇인가 생각났을 때 노트대신 수첩, 메모장, 포스트잇, PC 등을 추천하는 사람도 있다. 휴대전화로 문자나 메일을 보낼 수도 있다.

- 수첩에 기록한 내용은 혼동되기 쉽고 잊어버리기도 쉽다. 수첩은 절대 잃어버리지 않도록 주의할 것.

- 메모장과 포스트잇의 경우 분산될 염려가 있기 때문에 반드시 노트와 수첩에 다시 적어둘 필요가 있다.

- 노트북, 휴대전화 등을 사용할 경우 전자메모리에만 의지해서는 안 된다. 메모리를 백업하고 일정 분량이 되면 종이에 인쇄해서 보존하는 것이 사용에 간편하다. 종이로 다시 살펴보며 또 다른 발상을 떠올리는 것이 좋다.

- IC레코더에 발상을 기록할 경우 레코더 자체에 보관하면 언젠가 그 파일은 알아듣기 힘들게 되어 사라질 가능성이 높다. 가능하면 빨리 노트에 옮기는 방법이 좋다.

수첩의 사용 방법

나는 노트파지만 물론 수첩도 사용한다.

수첩은 노트라는 모함에 탑재된 정찰기 정도의 용도로 쓰인다. 2006년에는 1000건의 발상을 기재한 '포켓 아이디어 마라톤 수첩'을 고안해 판매까지 이루어졌다.

많은 사람들이 아이디어 마라톤 수첩을 평상시에도 기본으로 활용하길 원한다.

나는 양복을 입을 때 수첩을 안주머니에 넣고 다니며 사용

포켓 아이디어 수첩

한다. 전철 안이나 서서 이야기할 때 그리고 영화관 등에서 자주 쓴다. 수첩은 편리할 뿐 아니라 핵심 단어를 남기는 것만으로도 발상 전체를 다시 정리할 수 있는 중요한 도구다. 아무것도 쓰지 않으면 완전히 사라지지만 그저 한 단어, 두 단어의 키워드나 연상 단어를 적어두는 것만으로 커다란 발상 자체가 망각으로부터 구출되기 때문이다. 이런 이유로 수첩의 사용을 강력하게 권장한다.

수첩과 파일 노트와의 조화는 아주 절묘하다. 수첩에 적는 급한 사항과 발상은 그대로 두면 의미가 없다. 보고서나 제대로 된 정식 발상으로 만드는 작업이 중요하다. 이것을 '거북이 노트법'이라 부르기로 한다.

나의 '카드 노트법'

매일 에세이를 쓸 때 우선 소재와 줄거리 그리고 제목 등이 떠오르면 노트에 적는다. 언제 어디서 생각이 날지는 본인도 모른다. 생각이 떠오르는 순간 노트에 적는다.

그 다음 에세이 제목들을 카드에 다시 적는다. 하나의 에세이에 하나의 카드를 사용하고 그 카드에 에세이 제목과 관련 사항을 메모한다. 카드는 항상 수십 장씩 갖고 다닌다.

우선순위를 붙인 후 카드 한 장을 꺼내 에세이를 쓴다. 에세이를 다 쓰고 나면 카드는 사용한 카드 목록에 끼워둔다. 카드는 대형 포스트잇을 사용하기도 하고 보통의 메모 용지를 사용할 때도 있다.

'우회 법칙'과 학습 효과에 대하여

수첩은 떠오르는 생각을 즉시 적어두고 일시적으로 보관하는 데 용이하다. 수첩에 적은 생각은 가능하면 빨리 노트에 옮겨 적는다. 옮겨 적는 과정은 발상이 세분화되고 그 수가 늘어나기 때문에 즐겁다. 떠오른 아이디어는 옮겨 적으면서 보다 심도 있게 정리된다.

이것을 '우회 법칙'이라 명명한다. 발상은 기록을 거듭하거나 다른 곳에 옮겨 적으면 보다 좋아지고 그 수가 많아지면서 발전한다. 이는 수첩뿐만이 아니다. 메모나 포스트잇 그리고 IC레코더라도 관계없다.

우회 법칙은 학창 시절을 떠올려보면 그 효과를 알 수 있다. 대체적인 학습 사이클은 다음과 같았다. 우선 복습을 하면서 예습 노트를 만든다. 수업 중 선생님이 판서한 내용을 노트에 옮겨 적는다. 귀가 후 그날 선생님의 설명과 필기 내용을 정식 노트에 정리한다. 복습을 반복하면서 다음 예습을 한다.

우회 법칙에서 가장 중요한 과정은 '귀가 후 그날 선생님의 설명과 필기 내용을 정식 노트에 정리해 둔다'는 것이다. 바로 그날의 복습과 다시 정리하는 과정이 더해지면 성적은 3할 정도 올라간다. 그리고 시험 전에도 힘들지 않다. 이 학습 규칙은 자격증 공부나 사내 연수에 활용할 수 있다.

특히 사내 연수에서는 연수가 끝난 뒤 간담회에서 술을 한 잔 하더라도 연수의 내용을 반드시 당일 노트에 옮겨 적어야 한다. 이 과정으로 연수 효과가 결정적으로 차이 난다는 사실을 기억해야 한다.

아이디어 마라톤 연수에서는 최초 3개월 동안은 세밀한 밀도를 유지하고 그 다음부터 간격을 넓혀가도록 한다. 6개월 동안 4회 정도의 연수를 수행하면 노트 사용하는 방법이 몸에 익는다.

수첩을 사용하고 있어도 인생의 기본 틀은 노트에 두기를

적극 권한다. 알아보기 쉽게 노트에 다시 적어둠으로써 이해
도 쉬워지고 나중에 필기한 것을 수월하게 사용할 수 있다.
이 과정을 통하면 '우회 효과'가 나올 뿐만 아니라 자기 인식
도도 높아져 목표를 실현할 가능성이 커진다.

예를 들어 실현하고 싶은 계획의 주제를 수첩에 적는다. 그
에 덧붙여 노트에 더 자세하게 기록하면 더욱 실현 가능성은
높아진다.

노트를 사용해서 살아남을 수 있었다

나는 노트파다. 솔직히 해외 근무 때 노트가 없었다면 일을
할 수 없었을 것이다. 해외에서 일할 경우 대부분 외국어로 업
무를 처리한다. 기술이나 계약 조건을 협상할 때 노트에 메모
를 제대로 하지 않으면 자멸하고 만다.

영어로 말하는 도중에도 모르는 말이 있으면 여럿이 있는
자리에서도 거침없이 손을 들어 묻는 것이 좋다. '미안하지만
다시 한 번 말씀해 주세요', '좀더 천천히 말씀해 주세요', '그
단어의 스펠링을 말씀해 주세요' 이것이 바로 회사를 대표하
는 사람의 자세이자 책임이다.

수첩도 지참하고 있지만 가능하면 노트를 들고 다니며 사

용한다. 주로 A5 사이즈의 파일 노트다. 노트는 바로 손이 닿는 곳에 놓거나 아니면 가방에 넣어 갖고 다닌다. 가방을 살 때는 파일이 가방 앞주머니에 들어갈 수 있는지를 먼저 판단한 뒤 구입한다. 파일이 들어가지 않으면 즉시 꺼낼 수 없기 때문이다.

노트가 몸에서 떨어지는 경우는 별로 없다. 근처에 물건을 사러 나갈 때도 옆구리에 끼고 다닌다. 어딘가 외출할 때는 일단 노트부터 챙긴다.

아이디어 마라톤을 할 때는 노트에 시간별로 계획을 적어 둔다. 그것도 나중에 쉽게 알아볼 수 있도록 하나하나 떼어서 적는다. 자유롭게 쓰면 쓸수록 노트의 효용은 점점 커지고 이는 발상과 계획의 모태가 된다.

2. 실현성으로 본 꿈의 다섯 가지 분류

꿈의 실현에 대한 책들은 많다.

꿈이라는 단어에는 많은 뜻이 내포되어 있다. 따라서 현실적인 것이든 비현실적인 것이든 기준을 가지고 명확히 표현하지 않으면 실현될 수 있는 꿈도 '꿈에 지나지 않잖아'라는 한

마디로 무시되기 쉽다. 이런 상태에서는 실현할 수 있는 꿈도 실현 불가능한 꿈이 되어 버린다. 따라서 꿈을 하나의 단어로 생각하지 않고 그 실현 가능성에 따라 분류할 필요가 있다.

언제라도 마음먹으면 실현 가능한 꿈

자신이 오랫동안 좋아하는 가수의 라이브를 보러 가는 꿈은 다른 사람 입장에서 보면 간단한 일처럼 보이기도 한다. 왜 지금까지 실행하지 않았냐고 생각할 수도 있다.

'즉시 실행 가능한 꿈'은 아주 많다. 저렴한 해외여행과 국내여행 등은 전형적인 즉시 실행 가능한 꿈에 속한다. 한번 먹어 보고 싶었던 음식, 마시고 싶었던 환상적인 술도 마찬가지다. 이런 꿈들은 조금만 생각해 보면 간단하게 실현할 수 있는 일이 많다.

가령, 캄보디아 앙코르와트와 중국 서쪽의 돈황 유적 견학은 얼마 전까지만 해도 아주 어려운 일이었다. 그러나 지금은 누구나 쉽게 다녀올 수 있게 되었다. 이런 꿈들은 작고 사소하지만 꿈이라는 이름을 가지고 있다. 대수롭지 않게 생각하고 그냥 지나칠 수도 있는 작은 꿈을 실현해 나가며 자신의 인생에서 충만감을 느낄 수 있다면 점차 생활에 활력이 생긴다. 계속해서 꿈을 만들고 축적하고 실행하고 실현하도록 하자. 꿈의 실현에 탄력이 붙으면 활력과 기운이 넘쳐날 것이다.

축적하면 실현 가능한 꿈

집을 마련하는 일이나 스포츠카를 사는 일은 사람에 따라서 꿈이 될 수 있다. 하지만 이것은 당장 실현하기는 어려워도 일정한 노력을 기울이면 실현 가능성이 커진다.

이것을 '축적하면 실현 가능한 꿈'이라 부르자.

몇 달 노력하면 실현 가능한 꿈도 있지만 대개는 최저 몇 년이 걸려야 이룰 수 있는 꿈이다. 세상에는 종잣돈이 모이거나 종잣돈이 없더라도 가능한 꿈의 실현 방법이 준비되어 있다.

축적해서 실현 가능한 꿈을 전혀 노력하지 않고 실행하려고 하면 경제적·시간적으로 무리가 따른다. 경우에 따라서는 많은 빚을 안게 되어 나중에 더 큰 어려움을 겪을 수도 있다.

축적해서 실현 가능한 일은 신중하게 계획하고 실행하면 이룰 수 있다. 이것도 커다란 꿈에 묻힐 가능성이 크기 때문에 착실히 준비해서 실현시키는 것이 무엇보다 중요하다.

상당한 노력이 필요한 꿈

이 꿈은 실질적 노력과 공부 그리고 발상을 가장 필요로 한다. 지속력과 집중력을 발휘하지 않으면 이루기 어렵다. 인맥을 동원하여 자금을 움직이고 현실화하는 작업은 대단히 어렵지만 실현하면 멋진 결과를 가져다 줄 수 있다.

대학을 졸업할 때 회사에 일등으로 들어가거나 자신의 일을 시작해서 목표를 실현하는 꿈은 당연히 끊임없는 노력을 필요로 한다.

실현이 어려운 꿈

실현할 수 있는 방법이 극히 드물고 복권에 당첨되는 것처럼 어마어마한 행운이 작용하지 않으면 안 되는 꿈이다. 이런 종류의 꿈을 갖고 있으면 마음이 든든하긴 하지만 이것에 의존해 살아간다면 인생 전체의 기력을 손상시킬 수 있다.

실현 불가능한 꿈

현재 기술, 물리학 법칙, 자연과학 등으로는 실현 불가능한 꿈이 있다. 타임머신을 만들거나 초능력을 갖는 일이 이에 해당한다.

이 꿈을 다른 현실적인 꿈들과 마찬가지로 주변 사람들에게 말하는 것은 자유지만 듣는 입장에서는 실현 가능한 것과 불가능한 것을 같이 들으면 전부 실현 불가능하고 모두가 꿈같은 이야기로 들려 결국 실현이 불가능하다고 판단한다.

지금까지 언급한 모든 꿈은 무엇인가를 생각해서 시작하고 계속한다면 실현이 가능한 것들이다.

3. 인생 5개년 계획은 세우는 방법이 있다

상사맨이 개발도상국에 파견될 경우 부임한 뒤 제일 먼저 조사하는 것은 그 나라에서 발표되는 5개년 계획이다.

영어로 인쇄된 두꺼운 5개년 계획서에는 그 나라의 기본적 계획이 망라되어 있다. 따라서 주재원으로서 일을 시작하기 위한 지침서나 다름없다.

그 나라가 공업화를 지향하고 있다면 공업화에 협력할 수 있는 프로젝트를 고안하고, 농업화를 꾀하면 농업의 기계화와 비료 공장 등도 생각할 수 있기 때문에 5개년 계획에 포함되어 있지 않은 대형 플랜트 안건은 특별한 경우가 아니면 나라의 프로젝트로써 실행되는 예가 많지 않다.

5개년 계획이란 1920년대 소련의 국가계획위원회(고스플랜)가 당시 최악의 국내 경제를 재건하기 위하여 편성한 세계 최초의 계획경제였다. 그 효과는 강력해서 최악의 상태였던 소련의 경제와 공업생산은 제1·2차 5개년 계획으로 급속하게 증강되었다. 5개년 계획이 없었다면 소련은 히틀러와 일본의 공격을 견뎌내지 못했을 것이다.

전후, 개발도상국들은 대부분 국가 5개년 계획을 도입했다. 현재에도 계속 진행하는 나라가 많다. 하지만 본가인 소련을 포함하여 제1·2차 5개년 계획이 끝나고 몇 차례 계획이 반복되며 내용과 실태가 변질되기 시작했다.

정치가들은 계속해서 발표되는 차기 5개년 계획이 좋지 않거나 현재의 계획이 실패하고 있다는 사실을 솔직히 말할 수 없었다. 국가 계획이 점점 쪼개지고 분열되어 경제 상황은 점점 악순환을 거듭하게 되었다. 이런 실태는 소련뿐만이 아니라 다른 아프리카 나라들에서도 비슷하게 일어났다. 소련이 붕괴된 요인은 괴리가 지나치게 커졌기 때문이다.

회사에서는 보통 3개년 계획을 세운다. 3년이 지나면 사회와 회사 주변 환경이 격변하기 때문이다. 이 와중에 5년 후를 내다보고 계획을 수립한다는 것은 누구도 책임질 수 없는 일이다. 5개년 계획의 3년 이후 시간들은 무질서한 기간이 되기 쉽다. 소련의 5개년 계획도 이와 비슷한 상황이었는지 모른다.

5개년 계획을 낼 때는 먼저 그해와 다음 년도 계획을 제출하고 그 다음 3년 이후 계획을 확정하여 5개년 계획을 만드는 방법이 통상적인 예다. 각각의 계획 내용이 너무 동떨어져 있으면 문제가 생길 수 있으니 주의해야 한다.

나는 이 5개년 계획을 개인이 직접 만들어 볼 것을 제안한다. 개인 계획에서 5년 정도면 나이, 직급, 가족 구성과 재정 등을 포함한 일련의 상황들을 충분히 극복 가능한 기간이다. 게다가 5개년 계획에 실제적인 일까지 몇 가지 포함해서 어느 것이 달성되면 백 점 만점으로 상정하여 도중에 궤도 수정을 용이하게 할 수 있다.

사우디아라비아에 주재하던 3년째에 본사로부터 부장 한 사람이 나왔다. 그 부장은 귀국 직전에 일 이외의 것에서 인생 5개년 계획을 수립하라고 충고했다. 부부가 각각 5년에 1회 정도 개인적 인생 목표를 세우고 노력하면 반드시 이룰 수 있다고 설명했다. 인생과 가정을 위한 5개년 계획 수립이었다.

제1차 5개년 계획(1981년~1985년)

목표 • 책 출판
  • 사우디아라비아에서 도예를 시작한다

결과 • 1985년 『해외생활백과』 출간
  • 1983년 도예 시작

제2차 5개년 계획(1986년~1990년)

목표 • 일 년에 한 권씩 책 출판
  • 하루 최소 한 개의 아이디어 낼 것
    (아이디어 마라톤 시작)

결과 • 1986년 『사우디아라비아에서 살다』 출간
  • 1987년 『상사맨이 간다』 출간
  • 1988년 『해외 생활의 위기관리』 출간
  • 1989년 『상사맨의 모험』 출간
  • 1990년 『외국의 가정교육』 출간
  • 아이디어 마라톤 6천 개 달성

제3차 5개년 계획(1991~1995년)

목표 • 매년 부부 공저 한 권, 단독으로 한 권 출판
  • 아이디어 마라톤 확대와 발상 개수 2만 개 달성

결과 • 1991년 『상사맨의 비즈니스 모험』 출간

- 1991년 『이 사람들은 왜 성공했을까?』(아내와 공저) 출간
- 1992년 『아이디어 발상이 떠오르는 책』 출간
- 1993년 『해외 위험 대응 매뉴얼』(아내와 공저) 출간
- 1993년 『상사맨이 되기 위하여』 출간
- 1994년 『해외 생활사전』(아내와 공저) 출간
- 1995년 『아이디어 발상법』 출간
- 아이디어 마라톤 달성

제4차 5개년 계획(1996~2000년)

목표
- 매년 두 권씩 책 출판
- 국제 아이디어 마라톤 그룹 결성
- 아이들 해외 유학

결과
- 1996년 『해외 주재 매뉴얼』 출간
- 1998년 『마라톤 시스템』 출간
- 1999년 『베트남의 미소』 출간
- 2000년 영어판 아이디어 마라톤
  『Ideas Action Idea-Marathon System』 출간

제5차 5개년 계획(2001~2005년)

목표
- 정년과 그 이후의 계획
- 아이디어 마라톤 보급
- 출판 계획 지속

결과
- 정년퇴직

- 아이디어 마라톤 연구소 설립
- 2001년 『멋진 아버지가 되는 소중한 책』 출간
- 2003년 『일을 잘하는 사람의 노트 기법』 출간
  태국어판 『아이디어 마라톤』 출간
- 2004년 『기획이 술술 나오는 아이디어 마라톤 발상법』 출간
  『생각을 비즈니스로 바꾸는 노트기법』 출간
  한국어판 『일을 잘하는 사람의 노트법』 출간

제6차 5개년 계획(2006~2010년)

목표
- 제6차 5개년 계획 – 현재 가족 모두와 함께 실행 중
- '아이디어 마라톤 실현 계획' 시작
- 아이디어 마라톤 실행자를 만 명까지 확대
- 매년 두 권 이상 책 출판
- 미국 연구소를 돌며 영어로 두 권의 아이디어 마라톤 책 출판
- 시베리아, 캐나다, 중국 돈황까지 철도 여행

4. 연차 계획은 이렇게 세우자

계획은 여러 차례 다시 세울 수 있다. 계획을 세운 다음 다시 고치고 조금씩 다듬으면 계획은 점차 사실적이 되고 힘이 넘쳐난다. 동시에 실현성도 높아진다.

나의 경우 정기적·비정기적으로 계획을 다시 살펴보는 일을 수없이 반복했다.

5개년 계획 수립은 1980년부터 시작했다. 5년마다 세운 계획은 현재 제6차에 이르렀다. 5개년 계획에서는 가능한 큰 목표를 세우기 때문에 따로 연차 계획을 수립할 필요가 있다. 연차 계획에는 즉시 실행 가능한 것, 어떻게든 이룰 수 있는 것, 노력하면 실현할 수 있는 것들이 섞여 있다.

정기적 연차 계획

나에게 매년 정월 초하루와 그 다음 날은 연차 계획을 세우는 시기다.

이틀간 그해에 이미 예정된 일, 실행 예정인 일 또는 하고 싶은 일들을 나열한다. 전년도 계획 중에서 실행했거나 실현된 일은 지운다. 이 작업을 할 때 비로소 새로운 해가 왔다는 실감이 난다. 몇 년이 지나자 연초 계획은 수백 개에 이르렀다. 그항목들을 난이도별로 분류하고 여러 차례 다시 살펴본다.

아이디어 마라톤 연구소의 새로운 기획과 세미나 계획, 새로운 책 집필 예정, 해외여행 계획, 오랜 친구와의 만남 등도 연초에 엑셀로 작성하여 인쇄한다. 그리고 그 내용들을 파일에 정리한다.

연차 계획에도 나름대로 꿈이 들어가 있다. 따라서 전부 실현 가능한 것들은 아니다. 연차 계획이라고 해서 현실적인 항목만 넣는다면 계획을 세우는데 즐거움이 덜할 것이다.

해마다 지난 계획을 살펴보면 1년에 몇 개 정도는 '이것은 해냈어'라든가 '그 일을 실현했어'라고 생각할 만한 성취가 분명히 있다.

비정기적 고찰

왠지 필요하다는 생각이 들 때는 언제나 계획 수정을 한다. 해외 전근, 거래처로의 출장 등도 전체 계획을 살펴보는 계기가 된다. 그만큼 커다란 변화가 일어나기 때문이다.

나는 수차례 반복해서 계획을 살펴보고 실현 가능한 방향으로 이끌어간다.

회사에서의 약속, 사업 계획, 개인적 희망 등 다양한 계획을 30년 동안 해마다 10회 이상 했기 때문에 계획을 세우는 일은 습관처럼 굳어져 있다. 반보씩 전진하는 일을 수없이 반복하는 것이다. 이 방법이 성실히 앞으로 나아가는 최고의 길이라는 사실을 몸으로 익혔다.

기업 안에서 큰 제안과 발명은 자금과 인재 그리고 시간이 필요하다. 그리고 나아가 발명 특허 신청과 등록에도 비용과 시간이 소요된다. 단 작은 제안과 계획은 별개다. 이들은 즉시 실행하면 바로 실현되는 것이 보통이다.

5. 계획에 지혜를 더하면 재미가 생긴다

무엇인가 새롭게 시작하려면 계획을 세우라고 했다.

노트를 활용해서 계획을 많이 써보고 시험한 후 그중 최선의 방법을 시작하는 것만으로도 꿈의 실현 가능성은 상당히 높아진다. 그리고 그것을 더욱 가속화시키는 것이 '지혜'다.

계획만으로 자신이 희망하는 꿈을 충분히 실현시킬 수 없다고 생각하면 지혜를 첨가시켜라. 그럼 내용은 더욱 현실성을 띠고 재미를 발산한다.

도쿄에 살고 있던 우리는 여름휴가가 끝나기 전까지 교토에 살고 계시는 부모님의 댁에 다녀올 필요가 있었다. 처음에는 차로 다녀왔지만 교통 체증이 심하고 밤중에 다니다 보니 운전하는 사람도 너무 쉽게 지쳤다. 사고도 걱정되었고 고속도로 요금도 만만치 않았다.

기차로 교토까지 왕복한다면 노트도 쓸 수 있고 PC로 에세이 작업도 할 수 있으며 책도 읽고 잠도 잘 수 있었다. 그러나 신칸센 왕복 요금은 한 사람당 26000엔이었다. 5명이면 14만 엔이 넘는다. 그래서 생각한 것이 세이슌쥬하치(청춘18) 티켓의 이용이었다. 기간은 한정되어 있으나 누구나 하루 2300엔 정도로 완행열차를 마음대로 이용할 수 있는 티켓이다. 단, 도쿄에서 교토까지는 8시간 정도가 걸리고 4회 정도 갈아타야 했다.

어느 날 해가 저물 무렵 나는 고등학생, 중학생, 초등학생이 된 세 아들에게 말했다.

"세이슌쥬하치로 교토까지 가서 실컷 먹고 용돈도 남기는 것과 신칸센을 타서 용돈을 다 써버리는 것 중 어느 쪽이 좋겠니?"

"당연히 세이슌쥬하치죠."

세 아이 모두 이구동성으로 대답했다.

이것으로 이야기는 끝났다. JR은 좌석이 네 명이 타기 적당하게 되어 있어 여행하기 편리했다.

장남은 시간표 관리와 사진, 둘째는 욕조 덮개, 막내는 과자와 게임을 담당했다. 나는 제일 중요한 자금 담당을 맡았다. 욕조 덮개는 돗자리처럼 말아 차남에게 맡겼다. 아이는 모양새가 별로라고 툴툴거렸다.

그렇게 아침 7시 도쿄발 시즈오카행 완행열차에 올랐다. 네 명이 앉을 수 있는 자리에 앉아 욕조 덮개를 박스 위에 걸쳐 놓은 다음 깔판을 깔았다. 마치 좌석 열차 같았다.

다리를 편하게 펼 수 있었다. 이것만으로도 황송하다. 가방은 좌석 밑에 넣기도 하고 그물망 선반에 올려놓기도 했다. 편하게 앉아 있는데 차장이 오더니 욕조 덮개와 깔판을 보고 아주 좋은 생각이라며 칭찬을 했다. 갑자기 둘째는 기분이 좋아져 욕조 덮개를 갖고 다니는 것을 아무렇지도 않게 생각했다.

시즈오카에서 하마마츠, 하마마츠에서 미하라, 그리고 미하라에서 교토까지 JR을 갈아탔다. 갈아타는 역은 모두 장남이 미리 체크했다.

문제는 열차를 타고 가는 8시간이었다. 책을 읽거나 잘 수도 있었지만 나는 트럼프 게임을 제안했다.

"게임을 해서 꼴찌가 다른 세 명에게 국수를 사기로 하자."

트럼프 게임에 빠져 있는 사이 열차는 종점에 도착했다. 이상했다. 8시간이 고작 3시간 정도로 느껴졌다. 즐겁게 놀고 있는 아이들을 보고 통근하는 사람들이 대견한 눈빛으로 말을 붙였다.

"너희들 착하구나! 어디까지 가니?"

우리 부자 네 명에게 동경에서 교토까지는 전혀 문제가 되지 않았다. 하물며 이틀에 걸쳐 규슈의 구마모토와 아소, 하우스텐보스까지 완행열차로 여행한 적도 있다.

아이들은 세이슌쥬하치로 여행하는 것을 고생이라 생각하지 않고 즐기기 시작했다.

대학생이 된 아들까지 함께 즐겁게 여행한 기억은 우리 가족의 연대감을 북돋우는 데 도움이 되었다. 가족끼리 여행하며 서두를 필요는 없다. 완행열차 여행은 가족의 자연스러운 인내력과 지속력 향상에 도움이 되었다.

계획에 지혜를 더하면 이처럼 즐거움이 생긴다.

:: 지속력의 성과 확인 과정 ::

어떤 목표를 위해 누군가 열심히 노력하여 그 목표를 달성했다고 해도 그 성과가 가족, 동료, 사회, 때에 따라서는 개인에게도 평가 받지 못한다면 아주 슬픈 일이다.

고흐는 자신의 화풍에 집착해 사후 최대의 찬사를 받았지만 생전에는 누구보다 불우한 나날을 보냈다.

부분 평가의 중요성

무엇인가 성과를 냈을 때 작은 부분이라도 긍정적인 평가를 받는다면 그 평가를 계기로 더욱 큰 목표를 지향할 수 있다.

주변의 평가

주위와의 커뮤니케이션이 좋으면 주변 사람은 가장 먼저 자신을 평가해 주는 사람이 된다. 지속력이 생기기 시작할 때 좋은 평가를 받으면 이는 지속력을 강화시켜 주는 최고의 동기가 될 것이다. 따라서 항상 주변 사람들과의 커뮤니케이션을 원활히 하고 폭넓게 소통할 필요가 있다.

익숙함

우물 안 개구리가 되지 않기 위해서는 작은 지속력이라도 스스로 평가하거나 또는 주변의 평가에 귀 기울일 필요가 있다.

노래를 좋아하는 사람이 노래방에 열심히 다니다가 노래를 잘 부른다는 칭찬을 듣고 경연 대회에 나갔지만 더 뛰어난 실력자를 만나서 기가 죽는 경우가 있다.

연습을 반복하는 일도 중요하지만 여러 곳을 다니며 경험하는 것도 중요하다. 그리고 경연 대회에서 실격을 당해도 그것을 기폭제로 활용할 것인지 아니면 그대로 주저앉을 것인지 사람마다 차이가 난다.

어느 정도 연습으로 초기의 상승세를 체험한 다음 대회에 나가 긴장감을 맛보고 더 나아가 본격적인 연습과 선생님으로부터의 가르침을 병행해 실력을 키워 대회에 끊임없이 도전하고 자신감을 갖는 것이 자연스러운 수순이라고 생각한다. 또한 이 경우에도 주위 사람들의 평가가 굉장히 중요하다.

연습곡선

스포츠든 지적 활동이든 장르를 불문하고 연습곡선은 처음에는 급상승하지만 어느 정도 지나면 상승곡선이 둔화된다. 그 이후 아무리 연습을 해도 상승곡선은 쉽게 올라가지 않는다.

역도 금메달리스트 미타 선수는 4년 후 올림픽을 대비해 연습을 할 때 연습곡선 상승이 완만해지면 마치 다시 시작하는 버튼을 누른 것처럼 연습의 방법, 장소, 시간 등을 재검토하여 새로운 방법으로 더 열심히 전력투구했다고 한다.

이 방법으로 둔화된 연습곡선은 다시 급상승하기 시작했다. 이렇게 여러 차례 반복하여 금메달 획득 목표가 가능하게 된 것이다. 그 노력은 실로 집념에 가까운 지속력의 성과다.

* 연습곡선 – 설정치를 넘는다

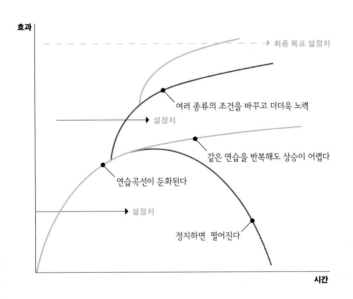

효과

최종 목표 설정치

여러 종류의 조건을 바꾸고 더더욱 노력

설정치

같은 연습을 반복해도 상승이 어렵다

연습곡선이 둔화된다

설정치

정지하면 떨어진다

시간

제 3 장

'지속하는 힘'을 통해 꿈을 실현하는
아이디어 마라톤

1. 아이디어 마라톤이란?

이 책에서 언급한 아이디어 마라톤이란 무엇인가?

아이디어 마라톤은 1984년에 독자적으로 고안하고 시작한 발상 시스템이다. 정식으로는 아이디어 마라톤 발상 시스템이지만 줄여서 아이디어 마라톤이라 부르고 있다.

아이디어 마라톤은 기본적으로 매일 떠오른 생각을 연상노트에 간단히 적는 것으로 시작한다. 가능한 그림도 그려 넣고 번호도 붙인다. 그리고 주위 사람들과 가볍게 의논하기도 하며 최고로 좋다고 판단한 내용을 실행하고 실현시켜 나간다. 이 작업이 바로 아이디어 마라톤이다.

1984년 이후 일, 인생, 가족에게 필요한 모든 발상들을 아이디어 마라톤으로 노트에 기록했다.

아이디어 마라톤은 내가 고안한 내용이고 서구의 것을 모방하지 않은 오리지널 발상법이다. 과거 수십 년 동안 국내외에서 이 발상법을 보급하려고 애썼다. 효과에 대해서는 자신감을 가지고 확신할 수 있다.

앞으로 일본 국내의 초등학교, 중학교, 고등학교, 대학교, 대학원, 기업, 정부기관 연구소 등에 보급할 계획이다.

이미 외국에서는 아이디어 마라톤 보급을 시작해서 이와 관련된 책을 영어, 중국어, 한국어, 태국어, 힌디어로 출판했다. 그리고 기회가 있을 때마다 외국의 연구소, 대학, 학회 그리고 기업에서 아이디어 마라톤 강연회를 열고 있다.

아이디어 마라톤을 널리 보급하는 일이 나의 인생 과업이다. 독자 여러분은 이 책을 통해서 아이디어 마라톤을 이해하고 지속적인 노력으로 자신만의 틀을 구축할 수 있을 것이다. 나를 넘어서는 발상을 이룩해 인생을 풍요롭게 만들기를 바란다.

모든 인간은 새로운 사고를 할 수 있다

인간은 누구나 생각할 줄 아는 능력을 타고 났고 매일 무엇인가를 생각한다. 항상 새로운 사고를 할 수 있는 존재라는 사실을 원칙으로 삼고 있다.

인간은 사고할 수 있는 힘을 선천적으로 가지고 태어났다. 하지만 현재의 교육 제도 아래서 일방적으로 지식을 받아들이는 주입식 수업에만 익숙해져서 기존의 선천적 발상 능력이 후천적 교육과 환경에 억압되어 있다. 이대로 사회인이 되고 또 다음 세대로 이어지는 악순환을 반복하고 있다.

다시 말해서 끊임없이 충전된 전지처럼 방전되지 않고 충전만을 계속했기 때문에 방전 능력을 기억하지 못하거나 그 능력을 갖고 있지 않은 것처럼 생각한다. 이래서는 그 많은 시간을 왜 교육에 투자하는지 알 수가 없다.

졸업한 뒤에도 계속 충전만 하는 사람들이 있다. 교육으로 충전을 한 후 전원을 끄고 무리하게 사용하는 노트북과 같은 사람은 급속도로 제 기능을 상실하고 만다. 충전과 사용을 반복하는 과정을 통해 뇌는 제 기능을 한다.

아이디어 마라톤의 기원

아이디어 마라톤을 시작할 당시 나는 치열한 국제상업 전쟁터에 있었다.

가격에 대한 공부를 하고 납기 실적을 챙기고 조금이라도 앞선 기술을 제안하며 매일 새로운 것을 포함한 여러 가지 대응 방안으로 거래 회사와 비즈니스를 했다.

이러한 일의 전술과 작전, 다양한 공부 등을 노트에 기록하기 시작한 것이 아이디어 마라톤의 기원이다. 일을 할 때는 약간의 공부를 하거나 새로운 발상과 작전을 한 것만으로 몇 차례나 수주를 따내기도 했다. 그런 경험을 통해 일할 때 새로운 발상을 준비하고 있지 않으면 경쟁에서 이길 수 없다는 사실을 깨달았다. 그래서 열심히 공부하고 작전을 생각하여 노트에 기록하기 시작했다. 하루도 빠짐없이 무엇인가를 노트에 적기로 결심했다.

처음에 이 일을 계속할 수 있었던 것은 고객을 기다리는 긴 시간 덕분이었다. 비즈니스 약속을 하고 만나러 갔는데 상대방이 나오지 않을 경우, 언제 나올지를 기다리며 보내는 시간은 상당히 초조하다. 그 초조함을 견디지 못하고 돌아온다면 일을 할 수 없다. 처음에 조급한 마음을 달래주는 방법은 독서밖에 없었다. 그래서 항상 가방 속에 몇 권의 책을 들고 다녔다.

독서를 하면서 '언제까지나 기다린다', '만날 때까지 기다린다'는 마음가짐을 배웠고, 그렇게 버티면서 조금씩 비즈니스

생리도 익혔다. 그런데 어느 날 상대방을 기다리면서 추리소설을 읽고 있었는데 예전에 읽었던 기억이 떠오른 순간 갑자기 흥미가 반감되었다. 불필요한 시간 낭비라는 생각이 들었다. 며칠 동안 사막 한가운데 있는 작은 마을로 출장 갔을 때책을 아예 집에 놓고 온 적이 있었다. 따분함을 참을 수 없었던 나는 노트에 에세이를 쓰기 시작했다. 그때의 발상이 '읽을 책이 없으면 책을 쓰자'라는 것이었다. 그 이후 시간만 나면 에세이와 발상을 노트에 적으며 시간을 보냈다.

날짜순으로 노트를 정리하면 좋다는 점도 알았다. 이렇게 해서 1984년 이후로는 거의 매일 노트에 일에 대한 작전과계획뿐만 아니라 생활, 가족 그리고 그 이외의 생각들을 적기시작했다.

발상을 하는 것

무엇인가를 생각하는 것은 매우 어려운 일처럼 보인다. 아이디어 마라톤을 시작했을 때만 해도 새로운 발상과 생각을 적었던 경험이 전혀 없었기 때문에 그런 일이 가능하리라고는 꿈에도 생각지 못했다.

아마도 이 책을 읽는 대부분의 독자들도 비슷한 느낌을 갖고 있지는 않을까?

나 자신도 처음에는 몇 년에 걸쳐 그런 생각을 하며 아이디어 마라톤을 이어갔다. 누구에게 의지한 것도 아니었다. 단지 아이디어 마라톤을 계속하다 보면 무엇인가 예상치 못한 미래가 펼쳐질 것이라는 막연한 느낌을 받았을 뿐이다.

처음 몇 달 동안은 발상을 적는 것을 자주 잊어버렸다. 적는 것을 잊는 것은 당연한 일이다. 몸에 익숙해지지 않았기 때문이다. 나는 아이디어 마라톤을 시작하는 사람들에게 매일 하라고 말하지 않는다. 모처럼 새로운 일을 시작해도 아주 사소한 이유로 그만두는 사례가 많다. 인간은 재미를 느끼고 스스로 원해서 시작한 일이라도 작은 돌부리에 걸리면, 예를 들어 하루 이틀 쓰는 것을 잊어버린 사실 하나만으로 일을 중단하곤 한다.

이것은 작심삼일 만에 일기 쓰기가 끝나는 이유 중에 하나다. 하지만 아이디어 마라톤은 미래의 일을 적는 작업이기 때문에 잠시 중단하는 정도는 대수로운 것이 아니다. 다시 시작하면 그만이다. 노트를 다시 살펴보면 일정 기간 오리지널 발상을 계속 기록하고 정리했기 때문에 자신에게 지속적으로 쓸 수 있는 능력이 충분히 있다는 사실을 깨닫는다. 그러면 언제라도 재개할 수 있다.

특정 노트를 정하고 그 노트를 항상 가지고 다니는 것 하나만으로도 아이디어 마라톤을 중단할 가능성은 적어진다.

계속하는 것

처음에는 언제 발상이 고갈되고 마를까 내심 걱정됐지만 아이디어 마라톤을 수년 동안 계속하면 반드시 매일 새로운 발상이 떠오른다는 자신감이 붙기 시작했다. 아내와 아이들, 형제, 친구 그리고 부하직원들에게 아이디어 마라톤이 널리 퍼지는 모습을 지켜보면서 아이디어 마라톤이 누구에게나 가능한 일이라는 생각이 들었다. 하지만 '아이디어 마라톤은 의미가 없어', '아이디어 마라톤은 절대 실행 불가능하다'고 주장하는 사람을 무리해서 설득하지는 않았다.

발상 능력을 향상시키기 위해서는 자신을 믿고 일정 기간 동안 발상 적는 일을 계속해야 한다. 그렇지 않으면 아무것도 일어나지 않는다. 이런 사실의 이해가 불가능하다면 아이디어 마라톤은 시작할 수 없다.

오늘날 일본은 물질과 정보가 넘쳐나 이것이 활용되지 못하고 버려지는 예가 많다. 그렇게 버려지는 정보와 충분히 활용되지 못하고 폐기되는 정보를 잘 이용하면 충분히 지적 자원과 발상의 동기로 이용할 수 있고 값어치 있는 것으로 재탄생할 수 있다.

인간이 생각하는 아이디어의 다양성과 현대 사회의 환경 다양성을 고려하면 매일 무엇인가 새로운 것을 고안할 수 있다고 확신한다. 이 긍정적인 확신이 아이디어 마라톤에서는 굉장히 중요한 개념이 된다.

'인간은 생각하면 무엇인가 발견할 수 있다'라는 사실은 아이디어 마라톤의 기본 철학이며, 이는 자신의 사고력에 자신감을 갖게 만든다. 아이디어 마라톤을 계속하다 보면 강한 자신감이 피어난다는 것을 경험으로 체득했다. 이것이 아이디어 마라톤의 커다란 장점이다.

내가 무엇을 어떻게 해야 하는지 고민하고 있는 사람들에게 아이디어 마라톤을 계속하라고 권하는 이유는 모든 사람들이 아이디어 마라톤을 실행하고 지속함으로써 보다 견고한 자신감을 얻을 수 있다고 확신하기 때문이다.

23년 동안의 경험에 비추어 볼 때 '사고하는 것 자체는 그렇게 어려운 일이 아니다'라고 자신 있게 말할 수 있다. 일단 사고하는 것을 어렵고 귀찮다고 생각하면 시작 자체가 힘들다.

아이디어 마라톤의 지속을 위해서는 저마다 적극적으로 사고하는 자세가 필요하고 발상이 자신에게 다가오는 것을 멍하니 기다려서는 안 된다. 기다리면 무슨 생각이 떠올라도 가장 중요한 적는 행위를 잊어버리기 때문에 아무것도 남지 않는다. 그래서 아이디어 마라톤을 계속하는 것을 어렵게 생각하기도 한다.

생각들 중에는 계획, 발명, 창의도 포함된다. 그중에는 소중한 발상도 있다. 뛰어난 발명과 창의력만 의식적으로 선택해서 매일 생각하는 것은 어려운 일이다. 거의 불가능하다고 생각한다. 따라서 아주 작고 사소한 생각의 단편이나 계획 등 무엇이라도 상관없으니 노트에 적어가며 자연스럽게 생각하는 것을 계속할 필요가 있다.

노트와 수첩

대부분의 사람들은 '수첩을 사용하는데 익숙해져 있다'라고 말한다. 확실히 수첩은 휴대가 간편하고 손쉬워 어디든 갖고 다닐 수 있기 때문에 편리하다. 그런데 수첩과 노트를 비교

노트	수첩
쓰고 그릴 수 있는 공간이 충분하다	휴대가 편하다
알아보기 편리하다	스케줄과 메모를 소지하기 쉽다
보존하기 편하다	쉽게 잃어 버린다
가지고 다니기에 너무 크다	많은 문장을 쓸 수 없고 그림을 그리기 어렵다

노트와 수첩의 차이점

하면 노트의 장점이 두드러지게 나타난다. 노트는 지면이 여유롭고 비용도 저렴하다. 또 발상을 커다란 글자로 쓰고 그림도 함께 그려 넣을 수 있다. 반면 수첩은 지면이 작고 페이지도 부족하다.

내가 노트를 주로 사용하고 수첩을 보조적으로 사용하는 이유는 약속 일정, 고객과의 의사록, 에세이 발상 등 매일 쓰는 양이 적지 않기 때문이다. 제대로 정리하려면 수첩만으로는 부족하다. 현재는 수첩에 적은 내용을 노트에 옮겨 적고 있다. 스케줄과 주소도 노트에 옮긴다.

A5 크기의 파일 노트에 스케줄과 주소록도 추가했다. 게다가 우표와 스크랩을 넣어두는 클리어 파일, 도장과 명함, 전자계산기를 담아두는 플라스틱 파일 등도 노트에 정리해 두면

상당히 편리하다.

워드프로세서나 컴퓨터가 없던 시절에는 수첩과 노트를 사용할 수밖에 없었다. 물론 어디에나 적을 수는 있겠지만 나는 두 가지 모두 갖고 다닌다. 급하게 메모를 하거나 역 플랫폼에서 기록할 것이 있으면 수첩을 사용하고, 앉아서 편하게 쓸 수 있는 경우에는 반드시 노트를 꺼내 적는다.

물론 노트를 사용하든 수첩을 사용하든 큰 문제는 없다. 이미 휴대용 노트북을 준비해서 생각을 컴퓨터에 입력하는 사람, 휴대전화로 자신의 생각을 메일로 보내는 사람, 포스트 잇을 이용하는 사람도 있을 수 있다. 그런데 발상을 남기려는 노력은 인정하지만 오랜 기간 발상을 축적하기에는 여러 가지 문제점이 발생한다.

컴퓨터와 휴대전화 메시지는 종종 잊어버리거나 무심코 지워버리기도 한다. 또 기계가 문제를 일으키는 경우도 있다. 이러한 이유 때문에 노트와 수첩이 보다 안심할 수 있는 관리 수단이 된다.

수첩과 노트를 관리할 때는 절대 잊어버리지 않도록 신경을 써야 한다. 특히 수첩의 경우는 여름철 양복 주머니에 넣은 채 옷을 벗고 들고 다니다 보면 잃어버리기 쉽다. 공중전화를 사용할 때는 노트와 수첩을 절대 난간에 놓으면 안 된다.

공중전화 박스에서 나올 때 손가락으로 안을 가리키며 '잊은 것은 없지'라고 확인할 필요가 있다. 기차나 비행기를 타고 내릴 때도 마찬가지다.

유효한 발상 건수

매일 아이디어 발상을 통해 여러 가지 아이디어를 쓰면서 한 해를 보냈다. 그 노트들을 다시 살펴보자 쓸 때는 생각지 못했으나 좋은 발상들이 포함되어 있다는 사실을 알았다.

나는 발상 건수가 5천, 8천, 1만 건이 되었을 때 유용한 발상 건수를 계산해 보았다. 뛰어난 발상, 일에 활용할 수 있는 발상, 새로운 책을 내는 계기가 되는 발상, 회사에서 제안서나 논문을 낼 수 있는 발상. 그 결과 유용한 발상 비율은 0.3퍼센트 정도가 나왔다.

단순하게 보면 귀금속이 없을 것 같은 광석에 극히 소량이지만 금과 은이 들어있는 것처럼 의외로 적지만 좋은 발상들이 눈에 띄었다.

하루 한 개씩 발상을 기록했으므로 1년에 365개에서 0.3

퍼센트라면 1년에 1개 정도는 훌륭한 발상이 포함되어 있다는 결론이다. 게다가 0.5퍼센트 정도는 어느 정도 쓸 만한 발상이 들어 있다는 사실도 알았다. 따라서 수년 동안 아이디어 마라톤을 계속하다 보면 매년 2~3개 정도의 발상을 찾을 수 있다.

'하인리히 법칙'이라는 것이 있다. 미국 보험회사에서 사고 발생률을 분석한 하인리히가 제창한 것으로 '1대 29대 300의 법칙'이라고도 한다. 1건의 대형 사고가 발생했을 경우 이미 그 전에 29건의 경미한 사고가 있었고, 그 주변에서는 사소한 분쟁, 부주의를 포함한 300건의 이상징후가 감지됐었다는 것이다.

하인리히는 약 5천 건의 사고를 조사해서 그 수를 확인했다고 하는데 이를 바탕으로 짐작해 보면 아이디어 마라톤의 유효 발상 비율도 증명이 가능하다.

즉, 아무리 작은 발상이라도 300건이 모이면 그 속에는 약 29건 정도의 쓸 만한 발상이 포함되어 있고 더욱이 1건은 최고로 좋은 발상이 숨어 있는 것은 아닌가라는 추측이 가능하다.

노트에 적어놓은 발상의 종류와 영역에도 아무런 제한을 두지 않았다.

처음에는 공부나 사물의 새로운 기능 등에 대해 많이 적었다. 최초의 발상은 사우디아라비아 공단의 총재 사무실에서 떠오른 내용으로 '수조 공기 시계'였다. 수조 바닥에서 천천히 떠오르는 물방울 수로 시간을 알아내는 시계다.

세밀한 계획은 일의 정리와 진행에 결정적인 역할을 한다. 개인적 스케줄, 가족 여행 계획, 구입 물품 등도 내용 안에 포함시켰다. 계획과 예정도 아이디어 마라톤 항목이 될 수 있다고 생각하니 이용도는 훨씬 높아졌다. 단순하고 평범한 생각들을 하나하나 기록했다.

누구나 아이디어 마라톤을 시작할 수 있다. 계획과 예정은 모두 가지고 있다. 과거에 일어난 일을 기록하는 것이 일기라고 한다면, 미래의 예정을 적는 것은 아이디어 마라톤이다.

아이디어 마라톤의 시작

지금 바로 앞에 당신이 현재까지 사용한 노트가 준비되어 있는가?

아이디어 마라톤의 시작은 '지금부터 아이디어 마라톤을 실행하자'라는 결심을 날짜와 함께 적는 것이다. 이것이 아이디어 마라톤의 시작 선언이다.

노트에 선언을 쓰는 것만으로도 긴장감이 생긴다. 3개월 후의 계획을 먼저 세운 다음에 즉시 실행할 계획을 세우기 시작한다.

우선 새로운 노트에 우선 아이디어 마라톤 개시 선언을 쓴다. 결의의 표명은 자신의 방식이라면 무엇이든 괜찮다. 자신의 결의 표현이 끝나면 거침없이 계획을 쓰기 시작하자.

아이디어 마라톤의 진화

아이디어 마라톤을 권유할 때 사물에 대한 공부, 생각, 계획, 꿈 있을 수 있는 모든 것을 쓰라고 말했다.

현재, 가능하면 빨리 새롭게 대응해야 할 상태라면 아이디어 마라톤에서 계획 부문을 중점적으로 지원하도록 하자.

아이디어 마라톤을 시작한 뒤 몇 주 동안은 꿈과 과거의 일에 대한 대응 그리고 앞으로의 계획안, 예정 등을 적는 것으로 족하다. 아이디어 마라톤은 간단한 것에서부터 출발하라는 제안을 하고 싶다.

1. 2008년 5월 20일(일) (결의)　**±0**　**1**

오늘부터 아이디어 마라톤을 시작한다.
매일 최소 1개의 발상과 계획을 노트에 적는다.

2. 2008년 5월 20일(월) (3개월 계획)　**+0**　**2**

8월에는 홋카이도 여행을 한다. 일주일에서 9일 간.
오랫동안 쉬지 못했다.

3. 2008년 5월 20일(월) (6개월 계획)　**+2**　**3**

부모님을 집으로 초대한다. 가을이 좋을까?

4. 2008년 5월 20일(월) (6월 계획)　**+3**　**4**

6월 말까지는 P계획 프로젝트팀을 구성할 필요가 있다.
총괄회의는 5월 말이 좋은가? 자료는 어떻게 하지?

5. 2008년 5월 21일(화) (P계획과제)　**+3**　**5**

배포용 개요작성이 급한가?

다음 날은 같은 밸런스 수로 시작된다

★ P.155 참고하기

- 제1단계 꿈을 적는 일, 지금까지의 '문제' 해결과 앞으로의 계획 수립을 위한 아이디어 마라톤(기간은 6개월)

- 제2단계 간단한 생각, 공부를 포함한 생활의 합리화와 시간 활용법, 신경 쓰이는 일 등을 적는다. 취미로써의 창작, 예를 들어 시, 시조, 간단한 스케치 등도 여기에 포함된다. (익숙해지기까지 상당한 시간이 걸린다)

- 제3단계 2단계에서 축적된 발상 중 몇 가지를 골라 자신의 전문 분야로 특화시킨다. 에세이와 소설, 그림 등도 포함된다. (2단계에서 익숙해지면 3단계는 자연적으로 진행된다)

2. 나는 왜 아이디어 마라톤을 시작했는가?

아이디어 마라톤의 일에 대한 발상으로 시작했다. 일에 관계된 구상이 떠오르면 그것들을 즉시 메모하고 노트에 쓰는 습관을 가지려고 노력했다. 아주 사소한 생각도 수주를 받는 데 도움이 된 경험을 가지고 있었기 때문에 떠오른 생각들은 항상 노트에 남기고 거래처에 묻기로 했다. 생각은 떠오른 뒤 바로 사라지는 경우가 많기 때문에 즉시 쓰는 습관을 들였다. 이는 사우디아라비아에서 계속 수주를 딸 수 있는 원동력이 되었다.

채택된 제안도 많았지만 폐기된 제안도 많았다. 그러나 본사와 거래처 회사에 대한 제안은 계속됐다. 어쩌면 그 구상과 제안으로 수십 수백억의 거래가 성사될 수도 있기 때문이다.

사우디아라비아에서 근무한 지 4년이 지나고 수주가 계속이어지면서 일은 순조롭게 풀렸다. 보통 주재원들은 3년 정도 지나 일에 익숙해지고 아는 사람이 늘어갈 때쯤 귀국하지만 나는 본사에 체류 연장을 신청했다. 사우디아라비아처럼 열악한 환경의 일터에서 일반적으로 체류 연장을 신청하는 예는 그다지 많지 않기 때문에 신청 즉시 허가가 났고 당초 3년 예정을 6년으로 연장하여 일에 몰두할 수 있게 되었다.

그때 일본으로부터 두 번째 물품 보급 특별 허가를 받았다. 이미 3년이 지나 나와 아내, 아이들의 의류, 문구, 책, 식료품 등이 떨어진 것이다.

인생의 발상을 기록하기 시작했다

일이 안정되기 시작하자 이번에는 인생과 보람에 대한 생각을 하기 시작했다. 일은 계속 바빴지만 마음속에서 설명할 수 없는 무엇인가가 떠오르기 시작했다.

"이렇게 일에 쫓겨 사는 것이 인생일까?"

"내 인생의 가능성을 최대한 활용하며 살고 있는가?"

"후회 없는 인생을 살고 있는가?"

사막을 보며 심각하게 고민했다.

일은 순조롭게 풀리고 있었기 때문에 왜 그렇게 진지한 고민을 했는지 알 수 없다. 행복한 고민이었는지도 모른다. 일이 잘 풀렸기 때문에 오히려 나의 생활과 인생의 의미를 생각하기 시작했는지도 모른다. 무엇인가 새로운 취미를 가져야겠다는 생각을 했다.

생각하니 떠오르는 무엇인가가 있었다. 많은 발상들이 스쳐갔고 그대로 방치할 수는 없었다. 그냥 모든 것이 사라져 버릴 것만 같았다.

"무엇이든 해야 한다……."

늘 기다리는 시간은 책을 읽는데 사용했지만 차츰 노트에 무엇인가를 적어야 한다는 충동이 일었다. 이렇게 해서 나는 인생과 생활의 발상을 하기 시작했다.

인생의 발상을 기록하기 시작하면서 알게 된 사실은 사우디아라비아에서 생활하고 주재하는 일 자체가 귀중한 경험이라는 점이다. 사우디아라비아에서 장기간 생활하는 일은 꿍

장히 어려운 문제다. 외교관 등의 정부기관 관계자와 상사 또는 기업의 특별 허가를 얻지 않으면 체재 허가가 떨어지지 않는다.

사우디아라비아의 혹독한 자연과 규율을 처음 접하면 경험이 적은 주재원들은 말할 수 없을 정도의 스트레스와 초조함으로 향수병에 걸리기 쉽다. 더욱이 혼자 온 사람이 많기 때문이다. 영화관이나 극장 그리고 맥주 등의 알코올은 일체 없다. 사우디아라비아 여성이 모두 얼굴에 베일을 쓰고 있는 것도 어색하다.

광활한 사막 한가운데 있는 사우디아라비아의 수도 리야드는 주위에 사막 이외는 아무것도 보이지 않는 곳이다. 사막을 좋아하지 않는 사람은 일도 생활도 하기 싫은 장소임에 분명하다.

일본 경제는 사우디아라비아의 원유를 공급받아 지탱하면서도 일본인들은 그 나라에 대해 아는 것이 없다. 이러한 생각이 떠오르자 나에게 천재일우의 기회가 왔다는 느낌이 들기 시작했다. 여기서 보고 듣는 것들을 기록하지 않으면 안 된다는 사명감이 들기까지 했다.

처음에는 3년 체재 예정을 2배로 늘려 6년으로 연장했으나 한 가지 걱정이 있었다. 아이들과 가족이 어떻게 생각할지가 문제였다.

아무리 일이 잘 풀리고 주문이 밀려들어도 가족이 사우디아라비아 생활이 싫다고 한다면 계속 머무르기 어려울 것이다. 사우디아라비아는 혼자 부임해서 살 곳이 못 된다. 정신적으로 견디기 어려운 장소다.

하지만 사우디아라비아뿐 아니라 중동에서의 일 자체는 신뢰할 수 있었기 때문에 오랫동안 가족 모두가 함께 사는 문제를 생각하기 시작했다. 나는 가족을 보살필 결심을 했다. 쇼핑을 돕고, 여행 계획 등도 적극적으로 세웠다. 처음에는 일본인 학교가 없었기 때문에 아이들의 일본어와 수학 교육은 아내와 함께 계획을 만들어 지도했다. 교육 방법에도 독특한 발상이 필요하다. 아내의 보람 찾기도 진지하게 발상에 넣었다.

가족끼리 보내는 시간에도 공부를 했다. 리야드 주변에는 사막밖에 없었기 때문에 사막을 즐기기로 마음먹었다.

사우디아라비아 사람들로부터 사막의 밤을 즐기는 법을 배웠다. 저녁 무렵 가족과 동료 또는 손님을 데리고 카펫을 들고 사막으로 나가 밤하늘 아래서 바비큐 파티를 하며 이야기했다. 천체망원경 관람, 화석 줍기, 전갈 잡기, 담력 시험, 아라비아반도 종단과 횡단 여행 그리고 침낭 생활을 하며 여러 날을 보낸 적도 있었다. 항상 사막에서 할 수 있는 일이 없을까라는 생각을 하면서 떠오르는 대로 즉시 실행하려고 했다.

3. 아이디어 마라톤 실행 자세

인간은 생각을 하며 살아간다. 누구나 항상 무엇인가를 사유하며 또 사유할 필요가 있다. 일과 인생을 풍요롭기 하기 위해서는 새로운 발상을 더 많이 해야 한다. 그런데 그 노력을 일정 기간 계속해야 한다는 사실은 부담이 될 수 있다.

생각에 의한 무능 탈출

인간의 뇌에는 1000억 개에 달하는 신경세포(뉴런)가 있고 이들 뉴런이 전기신호를 보내 인간은 생각을 한다. 작은 불꽃이 머릿속에서 일어나고 있는 것이다.

뇌는 인간이 호흡하는 산소의 20퍼센트를 소비하며 사고를 한다. 보통 인간의 뇌는 그다지 차이가 없다.

단, 언제나 생각을 하고 있는 사람과 전혀 생각하고 있지 않는 사람과는 커다란 차이가 있다. 사고하고 생각한 내용을 실현하거나 실행하려고 하지 않는 사람은 능력을 발휘할 기회가 없고 발상 습관도 없다. 실적 차이가 확연히 드러난다. '피터의 법칙'에 딱 들어맞는다. 피터의 법칙이란 조직을 구성하는 직원들의 노동에 관한 사회학 법칙이다. 능력주의를 채용하는 계층 사회에서 직원은 능력의 극한까지 출세한다. 유능한 평사원도 무능한 중간 관리직이 된다.

나는 이렇게 무능하다고 한정 지어진 사람들이 그대로 만족하고 있다고는 보지 않는다. 어떻게 해서든 무능이라는 분류에서 탈출하고 무능이라는 분류 속으로 떨어지지 않으려 하고 있을 것이다.

당신이 무능이라는 블랙홀에 빨려 들어간 우주선을 홀로 조종하고 있다면 탈출할 방법을 찾아야 한다. 한시라도 빨리 행동을 취해야 마음이 편하다.

아이디어 마라톤의 실행은 곧 무능에서 탈출할 수 있는 방법이 된다.

인간이 다양한 생각을 계속한다면 누구나 사고 능력을 향상시킬 수 있다. 나는 하나의 신념을 가지고 있다. 극히 일부

천재를 제외한 대부분의 사람은 일정한 교육을 받으면 발상
능력에 거의 차이가 없다는 것이다.

발상은 훈련, 지속, 습관, 자신감에서 나온다. 누구나 마찬
가지다. 그 다음은 발상들을 어떻게 실행하고 실현시키느냐
에 달렸다. 작용하는 운도 무시할 수는 없지만 어쨌든 출발점
에서는 사고가 필요하다.

현재의 교육 환경 정도라면 누구나 발상 능력을 배양할 수
있다고 생각한다.

일만으로 발상을 할 수 있을까?

"사고思考, 사고라고 말하는데 도대체 무엇을 생각해야 좋
은가?"

만약 재무담당자들이 내게 이렇게 물었다고 하자.

"그렇군요. 재무관련 일에서 새로운 발상을 매일 생각해 보
면 어떨까요?"

그렇지만 몇 날, 몇 개월, 몇 년 동안 할 수 있는 실행은 불
가능하다.

"영업 주문이나 어드바이스, 생산 부문 제안, 작은 일 처리,
책상 정리 등도 하나의 발상으로 다루어 보면 어떨까요?"

이렇게 하면 몇 주 정도는 간단하게 사고를 수행할 수 있을지 모르지만, 그 다음이 되면 열심히 발상의 소재를 넓힐 필요가 있다.

왜, 그렇게 오랫동안 해야만 하는가? 이는 '사고를 해서 노트에 쓰고 주위에 말한다'라고 하는 아이디어 마라톤의 기본행동을 매일, 적어도 3개월은 하지 않으면 발상의 습관화가 시작되지 않기 때문이다. 발상의 습관도 붙지 않고 지속력과 집중력도 붙지 않는다.

반대로 말하면 내용에 관계없이 3개월에 약 100개 정도의 발상이 축적되면 일과 생활에서 '아이디어 마라톤 발상을 실행하고 실현한다'라는 결실을 맺을 수도 있다.

우리의 뇌나 몸도 일일 생체 시계에 따라 행동하기 때문에 매일 한 차례라도 사고하는 습관을 가지면 뇌는 생각하는 자세로 돌입하는 것만으로 사고를 시작하고 뇌를 활성화하기 시작한다. 이래서 발상이 나오기 쉬운 상태 즉, 발상이 자꾸 나오는 상태가 된다.

아이디어 마라톤을 실행하고 체험한 후 깨달은 사실 하나는 '매일 한 개씩 새로운 발상을 내는 것과 비교해서 일주일에

한 개 또는 한 달에 한 개의 발상을 내는 일이 훨씬 어렵다'는 점이다.

이는 '학생 숙제 증후군' 또는 '올림픽 개최용 시설 준비 증후군'이라 불리는 현상으로 마감 직전까지 전혀 아무 생각도 나지 않기 때문에 직전에 급조하여 질 낮은 숙제를 내버리고 만다. 이는 연구소 또는 기업 어디서나 종종 일어나는 일이다.

매일 실행하지 않으면 일상적인 습관이 아니기 때문에 발상 능력과 자신감으로 이어지지 않는다.

누구나 자신의 전문 분야에서는 발상이 나오지 않는다거나 나오지 않게 된다는 '전문분야의 올가미'에 걸려든다. 주위 다른 분야에서는 의견이 술술 나오는 이치도 바로 이 때문이다.

그렇기에 일단 전문 분야를 떠나 밖에서 안을 들여다보면 생각지도 못하게 의외의 발견을 할 때가 있다.

발상 영역

"그래? 일이라면 아무거나 좋다고? 해볼 만한 가치가 있는지는 모르지만 못할 수도 있어."

"노력하면 일하면서 하루 한 개의 발상 정도는 낼 수 있어."

발상 내는 것을 주저하는 사람에게 이렇게 말할 수 있으면 좋지만 이것 역시 쉬운 일은 아니다.

여기서 첫 질문,

"사고라고 해도 구체적으로 무엇을 생각하면 좋습니까?"

"매일 할 수만 있다면 꿈, 계획, 기대 등 아무것이나 좋지."

아이디어 마라톤을 간단하게 실행하는 방법은 발상의 대상 영역을 보다 자유롭게 갖는 것이다. 아이디어 마라톤으로 인정할 수만 있다면 발상 영역 경계를 전면적으로 없애고 발상의 소재를 찾으면 훨씬 쉬워진다.

가령, 일뿐만이 아니라 자신의 생활 영역, 인생살이도 발상의 대상에 넣는다. 시나 수채화 등 예전부터 하고 싶었던 자신의 취미를 하루 하나씩 넣어본다면 아이디어 마라톤이 보다 간단하게 실행된다.

전반적인 일 또는 일과 약간의 관련이 있는 발상의 과제를 실행해도, 아이디어 마라톤을 오래 실천해서 익숙해진 사람에게는 문제가 없다. 당연한 이치지만 발상 소재를 획기적으로 뛰어넘으면 실행은 수월하다.

"그러나!"

반대의 질문을 받을 수 있다.

"무엇이든지 생각만 하면 일에 도움이 됩니까?"

어떤 것이든 관계없으니 '매일 생각하여 노트에 적고 주위에 말하는' 일을 계속한다면 뇌는 발상을 습관처럼 생각할 것이다. 즉, '발상 습관을 목표'로 발상을 적는 것이다.

뇌는 어느 정도 일에 대해서 생각을 계속한다. 잠재의식, 무의식적으로 일의 과제를 생각하면서 다양한 발상을 낼 경우 뇌는 일정 비율로 일에 대한 발상을 하게 된다. 그 비율이 적게는 8퍼센트에서 많게는 25퍼센트에 이른다.

이것은 자연스럽게 나오는 발상 중에서 '일 관련 발상 비율'이 된다. 기대를 하든 안 하든 발상을 계속하면 공적인 발상은 사적인 발상의 수와 비례하게 된다.

발상의 질

지금까지 설명을 했지만 반론이 나올 여지는 아직 많다.

"발상이라고 해서 하찮은 것까지 발상이라고 적을 수는 없지 않나요? 제대로 된 발상이 아니면 일일이 적는 작업이 무의미하지 않습니까?"

만약 다른 사람에게 노트를 보여도 문제가 될 것이 없다면 보잘 것 없는 발상이라도 쓰는 것이 좋다.

너무 저급한 발상이 아니면 자신의 발상은 적는 것이 중요하다. 오히려 적는 과정을 통해 하찮은 발상이 계속 나오는 것을 막는 효과가 있다. 뇌는 제멋대로 기억을 소각하고 몇 분 안에 지워버린다.

생각에 몰두하지 않고 단순히 머릿속에 떠오른 생각을 아무에게도 말하지 않고 쓰지도 않은 채 놓아두면 5분이 지나지 않아 대부분 사라진다.

뇌는 가능하면 기억을 최소화하려는 성질이 있다고 생각한다. 괴로운 일을 계속 잊지 않고 기억한다면 살려는 의지가 약해지기 때문에 모든 동물은 가능하면 기억을 지우려는 본능을 가지고 있다. 기억이 사라지지 않고 남아 있다면 그 동물은 점점 진화해 다른 동물을 억압하거나 자멸할 수가 있다. 이를 피하기 위하여 뇌는 기억을 지우려 노력한다.

대부분의 동물 기억은 이처럼 지워지지만 인간은 말하고 듣고 쓰고 읽을 수 있기 때문에 뇌는 기억을 수초에서 수분까지 길게 유지할 수 있다.

인간끼리 서로 이야기를 반복하다 보면 기억하는 시간이 길어지고 지식이 축적된다. 결국 인간은 지혜를 발휘해 동물 세계의 꼭대기에 설 수 있게 되었다.

오랫동안 노트 연구를 계속하며 '사소한 발상 악순환 증후군'을 발견했다.

뇌는 매일 여러 가지 일을 생각한다. 하지만 뇌는 모처럼 떠오른 생각을 곧바로 지우려 한다.

뇌는 생각한 것조차 잊는다. 몽땅 잊어버린다. 모두 잊어버리기 때문에 나중에 똑같은 발상이 다시 떠올라도 새로운 얼굴을 한다. 이것이 '사소한 발상 악순환 증후군'이다. 더욱이 뇌는 반복적으로 뇌가 표시하는 장치와 의식부분 메모리를 점령한다.

주변 사람에게 '너 이번이 세 번째 말하는 거야!' 또는 '매번 똑같은 말만 되풀이하네'라는 말을 들어본 적은 없는가? 이 증후군에 말려들면 바보 취급을 받기가 쉽다. 대부분의 경우 본인은 말한 기억이 전혀 없기 때문이다. 자신이 건망증이 심해져 망각증에 걸렸다고 걱정하거나 또는 말하는 상대방이 악의로 자신을 속이려고 한다고 생각한다.

"이봐, 그 이야기는 알겠어. 전에도 들었어, 들었다고. 수고했어, 자 그럼!"

회의에서 처음 설명하는 것처럼 말하기 시작하면 이렇게 무참하게 무시될 수도 있다. 만약 직책이 높으면 회의가 끝난 뒤 참가했던 부하직원들의 뒷담화 대상이 될 수도 있다.

"우리 부장, 이제 다 됐어. 같은 말만 되풀이하고……."

"맞아 맞아, 좀 그렇지!"

이런 일은 누구에게나 일어날 수 있다. 나이가 들어 건망증이 심해져서가 아니다. 젊은 사람들도 주의하지 않으면 이런 일이 벌어진다. 연인끼리도 콩깍지가 벗겨지면 서로보다 자신을 먼저 생각하게 된다. 처음에는 반복적인 말도 기분 좋게 들었지만 시간이 흐르면 되풀이되는 같은 말이 지겨워질 수도 있다.

"당신 다른 화제는 없어?"

누구나 자신만은 잘 잊어버리지 않는다고 생각한다. '일단 자신이 말한 것을 잊을 리가 없다'고 생각하기 때문에 대부분 상대방을 나쁘게 바라본다.

결혼을 의식하면서 사귀고 있는 단계라면 큰일이다.

'이런 얼간이하고 일생 동안 같이 생활할 수 있을까?'라는 지경에 이른다.

그리고 결혼해서 5년, 10년 지난 후라면 상황이 좀더 과격하게 바뀐다.

"당신도 같은 말을 반복하잖아."

진흙탕이 따로 없다.

'내가 같은 말을 되풀이하지 말라고 해서 기분 나쁘게 말하네'라며 경멸의 눈초리로 바라보기도 한다.

더욱 곤란한 점은 이런 사소한 발상이 뇌의 기억 부분을 차지한다는 사실이다. 이 때문에 실제로 중요한 일을 생각해야 할 때 방해를 받는다.

한층 증상이 심해지면 꼭 기억해야 할 내용도 사소한 발상과 함께 사라진다. 이렇게 만성화되면 최악의 경우 스스로 자신을 믿지 못하는 지경에 이르는 일이 발생한다.

이 증후군은 인간인 이상 완전히 막을 수는 없다. 하지만 최소한으로 줄이는 방법은 있다. 그것이 바로 메모와 노트다.

메모와 노트를 사용하면 사소한 발상 악순환 증후군 증상은 놀랄 만큼 줄어든다.

뇌는 한순간에 하나의 생각밖에 할 수 없다. 일단 하찮은 발상을 메모해 뇌로부터 분리한 후 다시 생각에 돌입하면 생각지도 않은 양질의 발상이 나오는 경우도 종종 있다.

발상의 전 영역에서 볼 때 보잘 것 없는 발상은 하늘과 바다의 작은 조각에 지나지 않는다. 하지만 그것 역시 메우지 않으면 전체 그림은 완성되지 않는다. 아이디어 마라톤을 계속하면 자신의 '사소한 발상'의 기준 또한 점차 향상된다.

이런 보잘 것 없는 발상이라도 아이디어 마라톤 원칙을 지켜나가는데 도움이 된다. 무엇이든 생각과 기록을 매일 반복하면 발상의 습관화가 이루어지기 때문이다. 그리고 하찮은 발상을 포함해도 1년에 0.8퍼센트 정도는 양질의 발상을 추출하는 것이 가능하다.

아이디어 마라톤은 일에 대한 것에 그치지 않고 사적인 생활, 가족의 일, 연내 계획, 희망, 꿈조차도 대상으로 하여 발상을 할 수 있다. 노트나 수첩에 발상을 기록하고 주변 사람들과 이야기하게 되면서 계획, 희망, 꿈 등은 착실히 구체화되어 간다.

아이디어 마라톤은 누구나 실행 가능하고 부하 직원 또는 가족 내에서도 할 수 있다. 아이디어 마라톤 행동을 최저 3개월 정도 계속하면 자신의 근성을 재인식하게 되어 발상 능력과 지속력에 약간의 자신감이 생긴다. 이것은 이후 아이디어 마라톤을 실행할 때 큰 효과를 보여준다. '아이디어 마라톤은 발상의 왕도이다. 뇌의 자주적 역할을 훈련시키고 안정시켜 성과를 낼 수 있게 하기 때문이다'라고 생각한다.

매일 의도적으로 아이디어 마라톤을 실행하다보면 생각을 위한 시간은 끊임없이 발생한다. 이로 인해 갑자기 생각이 필요한 급한 상황이 닥쳐도 뇌는 순간적으로 생각할 수 있는 순발력을 보인다. 이것은 업무 능력 향상에 크게 도움이 된다.

회의할 때나 고객의 질문에 답할 때 뇌는 아이디어 마라톤처럼 단시간 내에 답을 내준다.

이렇게 몇 년 동안 계속해서 발상 기록을 정리하면 어느 순간 방대한 양의 발상이 자신의 노트에 쌓여 있는 것을 확인하게 된다. 이는 실행자의 자산인 동시에 사회에서 활용할 수 있는 영양분이 풍부하게 함유된 과실과도 같다.

아이디어 마라톤 발상의 간단한 형식에 대해 알아보자. 일단 하나의 노트(A5 파일 노트)를 항상 휴대하며 시간별로 다음과 같은 내용을 적어 넣는다. 가능한 그림과 도표를 이용하는 것이 바람직하다.

- 날짜
- 그날의 발상 수
- 분야(차, 컴퓨터, 소프트웨어 등등)
- 누적된 총 발상 수
- 하루 하나의 발상 내기. 플러스 · 마이너스 수지 판단
- 발상 내용(가능한 완결 형으로 표기하고, 그림과 도표를 그려 넣는다)

아이디어 마라톤 노트에는 일과 생활, 일기, 가계부 등 모든 것을 적어도 좋다. 연속된 인생 노트가 될 것이다.

서두르지 말고 오늘부터 아이디어 마라톤을 시작하고 하나씩 발상을 내 보자. 많은 발상들이 모이기 시작하면 자신감이 쌓이고 즐거움도 가져다 준다. 당신은 당신만의 발상 창고를 만들 수 있다.

포스트잇 3장을 준비해서 '아이디어 마라톤을 잊지 마라'라고 적는다. 한 장을 노트 겉표지에 붙이고 두 번째는 정기권에, 세 번째는 지갑이나 휴대폰에 붙인다.

이렇게 해서 새로운 인생 출발점이 만들어진다. 다른 사람에게 기대지 마라. 자신의 능력만을 믿어라. 아이디어 마라톤을 6개월 정도 매일 지속하다 보면 반드시 미래가 달라질 것이다.

4. 23년 동안 노트에 아이디어를 기록한 비결

1984년 1월 아이디어 마라톤을 시작했다.

그때 정한 규칙 '하루에 최소 1개 이상 생각한 발상을 노트에 적고 주위 사람들과 이야기한다'는 지금도 변하지 않았다.

시작했을 무렵에는 언제까지 발상을 계속할 수 있을지 알 수 없었다. 노트에 어떤 생각을 적는다는 일 자체가 미지의 체험이었고 고독한 실험의 연속이었다.

처음 1개월 동안은 단순히 나열하는 식이었으나 3개월 정도 지나자 작은 자신감이 붙기 시작했다. 계속하다 보니 어느 정도 지속력을 믿을 수 있게 되었다.

당시 상당히 바쁜 일상을 보내던 나는 그 와중에도 몇 십분 정도의 아이디어 마라톤 실행 시간을 만들면서 충만감을 느낄 수 있었다. 그날의 스트레스를 다음 날까지 갖고 가지 않을 수 있었던 것도 의외의 효과였다.

새벽 3시에 실행한 아이디어 마라톤

사우디아라비아는 일본과 6시간의 시차가 있다. 일본에서 오전 일과가 시작되는 9시는 사우디아라비아에서 새벽 3시이다. 이 때문에 일본에서 일과를 시작하는 시간까지 기다렸다가 일본으로 전화하는 일도 있었고 일본으로부터 긴급 전화가 걸려올 경우에는 새벽 3시에 일어나야 할 때도 있었다.

사우디아라비아는 마을의 모든 회교 사원이 방송으로 예배 시간을 알린다. 해도 뜨지 않은 새벽 3시 반 전후에 아침 첫 방송이 울려 퍼진다. 그러고는 온 마을에 '알라 아크바루!(알라는 위대하다!)'를 반복해서 틀어댄다.

회교 사원 옆에 나의 집이 있었다. 그래서 매일 첫 방송이 시작될 때 눈이 떠졌다. 그런 일상이 8년 동안 계속되었다. 일에 대한 스트레스도 많았다. 자주 정전이 되어 집안이 온통 암흑천지인 적도 있었다. 전화 때문에 일어나는 일도 많았다. 회교방송 때문에 당시는 잠을 잘 수가 없었다.

아이디어 마라톤을 시작하고부터는 자기 전까지 침대 옆에 항상 노트를 놓아두었다. 덥거나 일 때문에 잠이 오지 않을 때는 베개 옆 스탠드를 켜고 노트를 펼쳐 발상을 적었다. 그러면 이상하게 기분전환이 되면서 차분해지고 잠잘 수 있게 되었다. '잘 수 없어서 죽는 사람은 없다. 잠이 오지 않는다면 아이디어 마라톤을 하자'라고 생각했다. 그 이후부터 특별한 일이 없는 한 밤에는 잠을 잘 수 있었다. 지금은 아이디어 마라톤을 끝내지 않으면 오히려 잘 수 없게 되었다.

시작하고 6개월 정도가 지나자 아이디어 마라톤의 결정적 효과가 나타났다. 아이디어 마라톤으로 축적된 발상을 실행하면 새로운 주문을 받는 일과 연결되었다. 드디어 실질적인 효과가 발생하기 시작한 것이다.

처음에는 생각한 것을 적는 정도로 아이디어 마라톤을 시작했지만 의외로 그렇게 적어 놓은 발상 중에 실제로 활용할 수 있는 일들이 많이 있었다. 그것을 실행할 수 있게 된 사실이 놀라울 따름이었다.

격렬한 경쟁 속에서의 승리 요인도 아주 작은 발상이었다.

이렇게 되자 일에서도 인생에서도 아이디어 마라톤을 도저히 멈출 수 없었다. 나는 서서히 아이디어 마라톤과 일과 인생의 협력 체제를 구축하기 시작했다.

5. 6개월 후 인생은 점점 나아진다

아이디어 마라톤을 시작하는 일은 간단하지만 어렵다고

하는 사람도 있을 것이다. 확실히 스스로 계속하려는 결심을 하지 않고 의지를 굳히지 않으면 어려울 수도 있다. 다시 말해서 본인 스스로 해야 한다는 마음을 먹는 자세가 제일 중요하다. 하려는 마음만 있으면 아이디어 마라톤은 충분히 지속할 수 있다.

작심삼일, 3주 또는 3개월 만에 그만두는 경우도 있다. 아이디어 마라톤 실행하는 일을 까맣게 잊어버리고 중단하는 사례도 보통으로 일어난다.

이럴 때는 간단한 노력만으로도 계속할 수 있다. 여기서 아이디어 마라톤 시작 후에 6개월 동안 주의해야 할 여러 가지 사항을 다시 시간대 별로 설명하도록 하자.

아이디어 마라톤 개시일

아이디어 마라톤에서 제일 먼저 적는 것이 '오늘부터 아이디어 마라톤을 시작하자'라는 자기 선언이다. 생각해 보면 인생을 살면서 자신의 생각을 연속적으로 적는다는 것은 그다지 없었다는 사실을 깨달을 것이다. 자신의 생각을 계속 적어나간다고 스스로 선언해도 처음 겪는 일이기 때문에 쉽게 자신감이 붙을 리가 없다.

하루도 빠짐없이 매일 발상을 쓰는 일이 정말 가능할지도 불안할 것이다. 새로운 발상을 매일 쓰는 일은 전혀 생각도 한 적이 없었기 때문에 기존에 갖고 있던 생각들을 바꾸기가 좀처럼 쉽지 않다. 자신의 발상과 계획은 생각하지 않으면 절대 나오지 않는다. 도전하기도 전에 포기한다면 아무것도 할 수 없다. 자신의 가능성을 믿고 계획만이라도 좋으니 10개 정도 실천해 보면 어떨까? 자신의 생각을 위한 새로운 인생이 드디어 시작될 것이다.

처음 3일을 넘기자

'오늘부터 아이디어 마라톤을 시작한다'라고 자기 선언을 한 후 3일도 지나지 않아 그만두게 되는 것은 정말 슬픈 일이고 절대로 피하고 싶다. 3일을 넘기는 것이 첫 고비다.

최초의 관문은 3일. 작심삼일이라는 말이 있다. 이는 출가한 승려가 절에 들어가 고된 수행을 견디지 못하고 들어간 지 3일 만에 절을 나온다는 뜻으로 세계적으로 통용되고 있는 말이다.

일기, 운동, 강아지 산책, 금연, 영어 회화, 자격증 공부를 매일 할 거라고 생각했지만 3일을 채우지 못하고 그만두는 예가 많다. 3일 안에 중단하면 잊는 것이 쉽기 때문에 간단하게 잊어버리고 중지하게 되는 것이다. 무엇을 시작하든 절대 잊지 말고 노력하는 자세가 중요하다. 시작할 때는 계속하려는 결심을 했지만 다음 날이 되면 결심도 약해지고 자주 잊어버리기도 한다.

이를 방지하기 위해 기억을 상기시키는 포스트잇 또는 작은 메모지를 이용하고 가족에게 아이디어 마라톤 시작 사실을 이야기하거나 동료나 본인에게 생각난 일을 말하는 '시계'를 스스로 준비할 필요가 있다.

아이디어 마라톤에서는 매일 하나 이상 발상을 적는 일이 규칙이지만 실제로 작심삼일을 뛰어넘기 위해서 첫날 3일분을 뛰어넘을 수 있는 발상을 한꺼번에 내기를 권한다.

첫날 3일분, 다음 날 2일분, 3일째 되는 날에 2일분의 발상을 낸다. 이렇게 해서 3일이 지났을 때 발상은 모두 합쳐 7개가 된다. 3일 동안 7개는 플러스 4의 효과를 가져 온다.

먼저 3일분을 진행하면 만약 이후 발상이 나오지 않더라도 여유를 가질 수 있다. 3일 동안 아무것도 하지 않아도 된다는 마음이 생기기 때문이다. 이 마음의 여유가 오래 지속할 수 있는 핵심이 된다. 3일분을 발상했기 때문에 그 다음은 잊어버려도 상관없지만 사람에 따라서는 오히려 기분이 좋아져 계속하는 힘이 생기기도 한다.

잊어버린 사람도 2~3일분을 미리 준비하고 있기 때문에 아직은 여유가 있어 괜찮다.

3일 정도에서 그만두는 것은 아무래도 인간의 잠재의식 속에 있는 마음의 브레이크가 관계된 것은 아닐까?

'3주'가 최대의 고비

아이디어 마라톤은 시작하고 1~2주 동안은 '일과 관계도 없는 일들을 이렇게 계속 써도 좋을까?' 또는 '전혀 앞이 보이지 않는 일을 계속한다고 무슨 효과가 있을까'라는 생각이 들 수도 있다.

'에잇! 귀찮아!' 하며 그만두는 사람도 있을 수 있다. 그러나 잠시 생각해 보자. 진지하게 자신의 뇌가 무엇인가를 생각하는 일에 도전한다는 것은 인생에서 최고로 흥미로운 체험 중의 하나이다. 이 사실을 알게 된다면 의외로 간단하게 계속할 수 있다.

3주 가까이 되면 그때까지 노력한 일들을 돌이켜 보자.

초등학교 때 일기를 억지로 쓰고 1년에 몇 차례 엉터리 작문을 쓴 일이 있지만 그 이외에 자신의 생각과 발상을 1개월 내지 2개월 동안 연속해서 기록한 적이 있는가?

물론 일과 생활 속에서 매일 힘겨운 생각의 연속을 하고 있는지도 모른다. 그렇지만 자신의 의지로 자신만의 생각을 자신을 위해서 계속하지는 않을 것이다.

일상 속에서 친구들과 재미있거나 이상한 이야기들을 하는 와중에 당신이 갖고 있는 진짜 실력을 발휘하기 위한 미래에 대한 준비는 하고 있는가? 아이디어 마라톤은 자신의 산에 나무를 심는 것과 같은 일이다. 미래를 위한 지적 포석을 지금부터 하나하나 준비할 필요가 있다.

언제 어떤 방법으로 시작할 것인가? 지금 시작하지 않으면 언제까지나 시간만 보내며 인생을 흘려보낼 것이다.

지적인 씨앗을 머릿속에만 담아두면 그 씨앗들은 싹도 피우지 못하고 사라진다. 씨앗인 채로 산에 그냥 내버려두면 작은 싹이 나더라도 사슴의 먹이가 되거나 작은 비에 쓸려 내려가기 쉽다.

발상의 씨앗을 직접 산에 던져 놓으면(언어로 말하기) 안 된다. 땅(노트)에 묻고 작은 묘목으로 키워 싹을 틔운 다음 그중 건강하고 좋은 것들을 골라 어느 정도 자라면 산에 옮겨

심어야 한다.

이것이 아이디어 마라톤의 최초 발상이고 계획이다.

어느 정도 크기로 자란 것들은 성장력을 갖고 있기 때문에 아끼고 잘 가꾸면 절대 말라죽지 않는다. 처음 몇 주 동안으로 그만두는 것은 '역시 아니야!'라는 좌절감만 준다. 게다가 그 잔상은 오래 남는다.

누구의 것도 아니다. 자신의 생각을 계속 적는 일이기 때문에 좀더 격려하고 좀더 긴 안목으로 앞을 내다보면서 계속하는 것이 어떨까?

아이디어 마라톤을 3주 동안 계속 실행하면 중대한 고비를 맞게 된다. 이 시기를 넘기는 것이 중요하다. 3주를 뛰어넘어 실행할 수 있도록 자신의 지혜를 모아 전력투구를 해보자. 물론 계속하려는 지혜 역시 아이디어 마라톤의 발상이다.

처음의 3주는 아이디어 마라톤에 새로 도전하는 사람들이 자신의 기존 발상과 지금까지 머릿속에 있던 발상을 전부 기록하는 기간이 되는 시간이다.

3주가 지나면 이미 머릿속에 있던 발상은 남아 있지 않게 된다. 이것이 실제적인 아이디어 마라톤의 시작이다. 머릿속에 기존의 발상들이 남아 있지 않게 될 때 뇌는 제로 상태에서 다시 발상을 시작한다.

뇌에 기존의 발상들을 그대로 내버려 두면 뇌는 기존의 발상을 갖고 있는 것만으로 만족한다. 그 발상들을 노트에 적어야 뇌는 새로운 발상들을 만들려고 활동하기 시작한다.

기존의 지혜를 밖으로 표출하면 할수록 뇌는 새로운 지혜의 원료인 지식을 구하기 시작하고 분석해서 또 다른 지혜로 만드는 과정을 반복한다.

15분의 활용

아이디어 마라톤에서는 작은 시간, 짧은 순간을 유용하게 활용하는 일이 중요하다. 처음부터 강력한 집중력을 요구하지 않기 때문에 원래 일하는 시간을 쪼개서 시작해도 좋다.

아이디어 마라톤에 익숙해지면 오랜 시간 제안서를 작성하는 것도 가능하다. 이는 자신의 생활 속에 아이디어 마라톤을 안정을 시킨 다음 실행하는 것이 좋다.

아이디어 마라톤을 시작한 후 몇 년 동안 쓸모없이 보냈던 시간을 최대한 활용하게 되었다. 그것도 그때까지의 일과 생활 패턴을 전혀 바꾸지 않고 계속 실행할 수 있었다.

예를 들어 아침 일찍 TV 보는 습관을 조금만 줄이고 노트

펼치는 습관을 기르면 어떻겠는가? 신문을 볼 때는 노트를 펼쳐놓자. 신문에서 많은 발상의 소재를 얻을 수 있다. 고객을 기다리는 시간도 생각하고 발상의 소재를 얻을 수 있는 절호의 찬스다.

내가 애초부터 아이디어 마라톤을 시작한 계기는 기다리는 시간을 이용하기 위해서였다. 고객을 기다리는 동안 떠오르는 생각을 매일 적기 시작한 것이 아이디어 마라톤의 시초다.

15분이라는 시간을 잘 활용하면 놀랍게도 하루가 빛난다.

비록 짧은 시간이지만 자신의 생각을 적절하게 기록했다는 충만감은 버릴 수 없다.

작은 시간은 누구에게나 주어진다. 누구나 찾아보면 생각과 지적 활동에 이용할 수 있는 시간을 찾을 수 있다. 스트레스를 받았을 때도 자신의 사고 작용에 전원을 넣으면 기분 전환이 된다. 상사맨이었던 현역 시절에는 극도의 스트레스를 받고 집에 돌아왔을 때 30분 정도의 아이디어 마라톤 실행으로 기분이 좋아지기도 했다.

나는 대학 시험을 준비할 때 이어폰으로 클래식 음악을 들으며 수학 문제를 풀었다. 그때 무엇을 하든 동시에 다른 일도 할 수 있지 않을까라는 생각이 들었다.

일을 할 때도 자투리 시간을 이용해 여러 일을 동시에 처리하고자 했다.

예를 들어, 컴퓨터 전원을 켜기 전에 먼저 노트를 펼친다. 노트를 펼친 후 펜을 들고 컴퓨터 전원을 킨다. 그러면 컴퓨터가 부팅되는 몇 분 동안 노트를 보며 생각하는 시간이 만들어진다. 그렇게 하면 컴퓨터 부팅 시간을 기다리지 않고 오히려 잠깐 사이에 일들이 이루어진 느낌을 받는다.

역까지 걸어가는 시간 동안 발상이 떠오르면 바로 레코더에 녹음하도록 한다. 길을 이동할 경우 손에 IC레코더는 필수다. 생각한 조각들을 레코더에 녹음하고 집에 돌아온 후 그 발상들을 즉시 노트에 옮겨 적는다.

역 대합실에서 10분 정도 기다리게 되면 수첩과 메모장을 꺼내 생각을 시작하는 것도 나쁘지 않다. 고객을 만나러 가는 전철 안에서도 노트를 꺼내 든다. 10분 정도면 1개나 2개 정도의 발상이 가능하다.

하나의 일을 하면서 또 다른 일을 하는 것이 바로 동시 발상이다. 동시 발상을 활용하면 목욕하면서 생각을 할 수 있다. 레코더를 냉장고용 밀폐 용기 안에 이중으로 넣으면 목욕탕에서 녹음을 할 수도 있다.

출퇴근 시간에는 차 안에 서 있거나 앉아 있는 차이가 있지만 독서, 공부, 영어 회화 등 다양한 동시 실행이 가능하다.

3주가 지나면 작은 지속력의 산을 넘을 수 있다

아이디어 마라톤을 시작하고 3주가 지나면 일단 작은 고비는 넘을 수 있다.

노트를 읽어보면 열심히 발상을 했던 3주의 시간이 떠오른다. 매일 발상을 했던 고민의 시간과 발상이 나오기까지의 그 과정들. 발상은 어렵게 나오기도 했고 한꺼번에 많은 것들이 떠오르기도 했다. 소중하게 여길 만한 것을 적었다고는 생각하지 않았는데 다시 보면 한두 개 정도는 좋지 않았는가라는 생각이 든다.

'이런 것을 생각했었구나!' 또는 '그래, 이런 식으로 적으면 되는구나!'라는 감각을 익힐 수 있었던 때도 바로 이 시기였다. 또한 자신의 특기가 되는 발상 분야를 발견하기도 했고,

어떠한 타이밍에 발상을 떠올릴 수 있을까라는 생각도 들기 시작했다.

3개월이 지나면 자신감이 생긴다

매일 무엇인가를 생각하면서 3개월을 보내면 자신의 내부에서 작은 발상의 자신감이 생기기 시작하는 현상을 맛볼 수 있다. 3개월 이후 아이디어 마라톤을 수행한 날짜보다 더 많은 발상들이 나왔을 경우 틀림없이 당신에게는 새로운 지속력이라는 강력한 힘을 몸에 익히게 될 것이다. 스스로 칭찬하고 싶은 마음이 드는 것은 자연스러운 수순일지도 모른다. 3개월이라는 기간은 아이디어 마라톤에서 아주 작은 단위이다. 하지만 이 시간을 뛰어넘고 경험을 축적하게 되면 커다란 지속력과 집중력 그리고 발상 능력 향상의 출발점을 마련할 수가 있다.

6개월이 지나면 안정기에 접어든다

아이디어 마라톤을 6개월 동안 계속하면 몸이 익숙해지며 안정되기 시작한다. 아이디어 마라톤은 일과 생활 패턴의 일부분이 되며 발상의 축적을 돕는다. 그리고 주위 사람들과의 발상 교류 네트워크가 형성된다. 더욱이 아이디어 마라톤을 계속할 수 있게 동기부여가 되어 점점 앞으로 나아갈 수 있다. 이때쯤은 이미 완벽하게 아이디어 마라톤이 당신의 생활과 일에 밀착되어 있을 것이다. 수백 개의 발상들이 당신에게 엄청난 자신감을 생성시킨다.

매일 무엇인가를 생각하지 않으면 하루가 끝나지 않은 기분이 들지도 모른다. 반대로 무엇인가를 적은 다음에는 뿌듯한 만족감을 느낄 수 있을 것이다. 이것은 지금까지 경험해 본 적이 없는 기쁨이며 당신의 일과 생활에 여유를 가져다 준다고 믿는다.

6. 그룹 아이디어 마라톤

아이디어 마라톤은 '개인 실행'을 기본으로 한다. 그런데 개인적인 실행은 때로는 고독한 과정이 될 수 있다.

고독한 아이디어 마라톤을 실행하는 것보다는 당연히 즐겁게 여럿이 실천하는 쪽이 좋다. 떠오른 생각을 노트에 적으며 주위 사람들과 이야기하는 방법을 추천한다.

주위에 가까운 몇 사람을 모아 아이디어 마라톤을 함께 시작하자. 이 과정을 통해 아이디어 마라톤은 더욱 재미있어진다. 서로의 발상을 교환하기도 하며 발상의 양과 질은 높아질 것이다. 여러 가지 발상은 시너지 효과를 일으켜 유효한 발상을 실행하고 실현하는 일이 몰라볼 정도로 향상될 것이다.

회사 동료들과의 그룹 아이디어 마라톤

같은 분야에 소속되어 있거나 같은 회사 동료라면 회사의 미래를 위한 다양한 생각을 개인적으로 노트에 적은 다음 서로서로 의견을 교환한다. 동료들과 아이디어 마라톤을 함께 실행한다면 당신이 상담하는 발상 내용에 자극을 받아 그들도 생각을 노트에 적기 시작할 것이다. 그러면 보다 현실적이거나 또 다른 방향의 발상을 기록할 수 있게 된다.

이렇게 해서 당신과 동료들은 아이디어 마라톤 네트워크 속에 공통하는 발상 기반을 가진다. 그리고 그 공통 발상 기반이 서로의 노트 안에 일정한 형식으로 기록되어 회사에 제안할 수 있는 세밀하고 폭넓은 결과가 나온다.

때로는 사내의 기술 과제, 영업의 문제, 경쟁사와의 관계 등을 아이디어 마라톤으로 의견 교환하고 사내 메일을 통해 토의하는 방법도 가능하다. 이처럼 그룹 아이디어 마라톤을 부문 전체와 회사 전체에서 대대적인 운동으로 채택하고 있는 회사가 몇 곳 있다.

우리 연구소에서는 벌써 수십 곳에 달하는 회사의 인재 연수를 통해 아이디어 마라톤을 기업에 보급하고 있다. 사내 연수에서 6개월 동안 4회의 연수를 받으며 치밀한 과정을 이수하면 거의 대부분의 사원이 아이디어 마라톤을 습관화할 수 있게 된다.

2006년부터는 나가사키현 사세보시에 위치한 대규모 통판 회사 재팬네트다카다에서는 전 사원이 아이디어 마라톤 운동에 참가하여 매일 여러 개의 제안을 내며 실행하고 있다. 사원들은 1년 동안 수십만 개의 발상을 축적하고 있다. 앞으로도 이와 같은 기업이 계속 늘어갈 것이라 확신한다.

최소 단위의 그룹 아이디어 마라톤

부부 사이에서 아이디어 마라톤을 실행하면 재미있다.

처음에는 부부 중 어느 한쪽이 개인적으로 또는 회사 내에서 시작할지 모른다. 아이디어 마라톤은 기본적으로 남는 시간이나 합리적 활용으로 생긴 짧은 시간을 이용하기 위한 것이다. 그런데 부부 간 화제를 만들거나 커뮤니케이션을 증진

시키기 위하여 사용할 수도 있다.

일본의 가정은 서양의 그것과 달라 부부 사이의 대화가 극히 적다. 예전에는 부부 사이의 대화가 적은 경향을 일본 가정의 독특한 습관이라고 생각해 미덕이라고까지 보았다.

부부 사이에서는 호흡이 중시되었고 특히 아내가 남편이 생각하고 있는 일에 대하여 참견하는 예가 적었다. 하지만 지금은 다르다. 글로벌 시대가 된 정보사회이고 부부는 각각 팽창한 정보 네트워크의 일부를 담당하고 있다.

곧 부부 사이의 커뮤니케이션이 적다고 하는 것은 각자의 정신적 네트워크가 좁아져 결국 서로의 마음을 교환할 수 없는 상태로 오랫동안 지내온 것이라 말할 수 있다.

이 상태가 지속되면 서로의 생각이 전혀 다른 채 살아갈 위험이 있다.

아이디어 마라톤으로 부부 중 어느 한쪽이 저녁 식사 전에 자신이 생각한 일을 노트에 적고 그리고 그것을 식사 도중에 이야기했다고 하자. 평균적인 일본 가정의 부부 사이라면 '갑자기 이상한 소리 하지마' 또는 '말하지 말고 식사나 해요'라는 반응이 나올 수 있다. 하지만 이때 절대 화를 내서는 안 된다. 나의 아내는 거의 2년 동안 이야기를 듣는 둥 마는 둥한 반응을 보였다.

그러나 인내심을 갖고 이야기를 계속했더니 드디어 효과가 나오기 시작했다.

"당신 발상보다도 내가 더 좋은 생각을 해냈어요. 가르쳐 줄까요?"

"물론이지!"

아내는 어느 날 자신의 발상을 술술 풀어놓기 시작했다.

"아주 재미있는데 그거!"

"그렇죠! 그런데 이것은 내 발상이니까 당신 것이 아니에요. 내 노트에 적어 놓아야지!"

그 순간부터 아내와의 아이디어 마라톤이 시작됐다. 아내는 그 이후 스스로 발상을 적어놓으면서 나의 이야기를 상당히 신중하게 듣게 되었다.

우선 당신이 아이디어 마라톤으로 생각한 발상을 가볍게 전달해 보자.

"내 아이디어 한 번 들어보지 않겠소. 휴대전화에 악기를 달면 어떨까? 가령, 휴대전화에 하모니카를 달면……."

"무슨 쓸데없는 소리를 하고 있어요!"

만약 호의적인 대답이 나오지 않으면 무리해서 강요하지 말고 부부가 서로 이야기하지 않으면 안 될 레스토랑 같은 장소로 자리를 옮겨본다.

그러면 아내는 비교적 기분이 좋아져 당신의 아이디어에 대꾸를 해줄지도 모른다.

"그래요. 나라면 캐스터네츠를 달겠어요. 아니면 손가락으로 부는 봉고는 어떨까요?"

이때가 바로 적절한 타이밍이 된다.

"그것도 재미있네. 역시 그 아이디어는 당신 발상으로 노트에 적어두는 것이 좋겠어. 노트를 선물하려고 가져왔어."

좋은 방법이 아닐 수 없다.

"그런데 휴대폰에 악기를 달 수 있을까……?"

"에어 기타라는 것도 있잖아요. 기타를 치고 있는 듯한 모습을 하고 있는 것. 그것도 휴대폰에 달면 재미있겠네."

"그렇지! 여러 가지 발상이 나오네."

아이디어 마라톤을 통해 부부 사이의 대화는 오랜만에 즐거워질 수 있다. 그리고 아내도 자신만의 노트를 갖는다. 나중에 아내와 정기적으로 과제를 갖고 생각하는 시간을 가지면 부부 사이 역시 좋아지게 된다.

숫자를 읽고 간단한 글자를 쓸 수 있게 되는 취학연령이 되면 당신에게 떠오른 발상을 아이들과 이야기해 보자. 아내가 아이디어 마라톤을 시작하기 전에 우리 집에서는 간단한 아이디어 마라톤을 자연스럽게 시작했다.

아이들은 훨씬 솔직하고 단순한 자세로 기꺼이 당신의 이야기를 들어준다. 그것도 눈을 반짝반짝 빛내며 이야기에 귀를 기울인다.

"멋져요. 잘 모르겠지만 대단해요. 아빠 너무 훌륭해요."

이런 반응에 아이스크림이라도 사주고 싶은 기분이 될 것이다.

하루 이틀 정도의 일이라면 별다른 반응은 나오지 않지만 한 해 또 한 해 집에서 실행하다 보면 아이들 머릿속에는 틀림없이 발상에 반응하는 머리가 만들어진다. 아이디어 마라톤을 초등학교 1~2학년에 시작했다고 하면 아이들의 뇌가 영향을 받아 스스로 다양한 발상을 생각하게 된다. 그렇게 되면 아이들에게 노트를 주며 기록하도록 한다.

원래는 학교에서 행해야 하는 기초적인 발상 교육이지만 현재의 제도 아래에는 이런 교육 과정은 일체 포함되어 있지 않다. 나는 학교와 가정에서 잘 협력하여 아이디어 마라톤을 학교 과정에 도입하면 아이들의 재능은 꽃을 피워 많은 영재를 배출할 수 있을 것이라고 믿는다.

청년 세대의 그룹 아이디어 마라톤

이 책을 혼기에 찬 젊은 세대와 그 세대의 부모 세대가 읽는다고 가정해 보자. 부모 세대는 이미 정년퇴직기에 접어들었고 일만 해왔기 때문에 재정적으로는 곤란하지 않지만 정신적으로는 기댈 곳을 잃어버린 사람이 의외로 많다. 특히 남자들의 경우 그런 경향이 현저하다.

당신의 부모님이 현재 그런 상황이라면 아이디어 마라톤을 활용하여 그들의 인생 개혁을 꾀해보자. 처음에는 아내가 아이디어 마라톤을 받아들이는 과정처럼 저항을 받을 가능성이 농후하지만 결코 포기해선 안 된다.

그들의 마음 깊은 곳에서는 당신의 생각을 듣고 싶어 한다. 당신의 생각은 부모 세대가 가지고 있는 지식과 방대한 체험에서 오는 지혜를 활용 가능하게 만들 수도 있다. 이는 실로 대단한 일이다. 고령자라 불리는 인구 중 상당 부분을 창조적인 일에 동참시키면 세상은 몰라보게 변할 것이다.

7. 관찰력이 저절로 향상된다!

아이디어 마라톤을 계속 실행하면 관찰력이 좋아진다. 그 이유는 다음과 같다.

호기심을 증폭시킨다

아이디어 마라톤의 영역은 스스로 정하는 것이다. 특정 영역을 구분하지 않고 매일 발상을 계속해서 기록하도록 하자. 일정 기간 아이디어 마라톤을 계속하면 무의식중에서도 발상의 소재를 구하고 있을 것이다.

이것은 무엇인가에 사용할 수 없을까? 어떤 것을 닮지는 않았나? 무엇을 만들까? 나라면 무엇을 원할까? 등등을 생각하기 시작한다. 호기심의 힘은 일과 생활을 즐겁게 만든다.

호기심을 잃으면 일을 할 때 활력이 없어져 쓸쓸할 수도 있다. 호기심은 행운의 여신을 불러오는 힘을 갖고 있으며 관찰력도 저절로 증진된다.

3개월 이상 아이디어 마라톤을 계속할 경우 자신이 지금까지 가져본 적 없는 지속력을 실감할 수 있다. 지속력은 무엇을 달성하는 현재 진행형 파워다. 지속력은 모든 일을 진행함에 있어서 에너지로 활용할 수 있다.

아이디어 마라톤 실행으로 얻은 지속력은 어려운 일의 해결하는데 도움이 된다. 다시 말해서 끊임없이 이어지는 아이디어 마라톤은 보다 강력한 지속력을 창출하는 발전기와도 같으며, 이는 곧 일의 성공을 불러오는 힘을 만들어 준다.

강력한 자신감이 생긴다

개인적으로 아이디어 마라톤이 갖게 해준 최고의 효과는 자신감이다. 가만히 살펴보면 생각하는 일이 가능해졌다는 단순한 자신감. 자신의 인생이 어느 정도 쓸 만한 것이 되었다는 자신감. 현재보다 나아진 미래를 만들 수 있다는 자신감. 어떠한 일에 달려들어도 할 수 있다는 자신감. 사람들은 자신감이 있는 동료와 일하길 원하고 고객은 자신감이 있는 사람과 거래를 하고 싶어 한다.

자신감은 인생의 강력한 에너지다. 자신감이 있는 사람은 많은 행운을 잡을 수 있다.

명랑함이 긍정적인 상황을 만든다

아이디어 마라톤은 생각하고 기록하고 주위 사람들과 이야기하는 일이지만 항상 멋진 발상만 나오지는 않는다. 재미있는 발상, 보잘 것 없는 아이디어도 다른 사람과 이야기하다 보면 일과 생활을 즐겁게 만들어 준다. 일에서 재미있는 발상을 내놓음으로써 그 장소에 있던 동료들은 일할 의욕이 생긴다. 또 그 재미있는 발상이 자극이 되어 실질적인 발상을 할 수 있는 계기를 만들어 주기도 한다.

비즈니스나 인생이나 괴롭다고 생각하면 괴로워진다. 비즈니스나 인생이 아무리 어려운 상태에 놓여도 그 사람의 성격이 명랑하고 즐거움을 느낄 수 있는 성격이라면 상황은 언젠가 긍정적으로 바뀐다. 반면 생각하는 방식이 어두우면 아무리 머리가 좋고 수완이 좋아도 왠지 마지막에는 잘 되지 않는 경우가 많다.

유머는 행운의 여신을 불러오는 전령이다.

아이디어 마라톤을 하면 무엇을 봐도 '이렇게 하면 더 좋았을 텐데' 또는 '그렇게 하면 사람들이 물건을 구입할까' 또는 '저 일은 할 수 없을까?' 등 미래에 대한 기대로 가득 찬다. 이것은 가상의 타임머신 자체다. 내가 현실에서 수십 년 동안 아이디어 마라톤을 실행하면서 생각했던 몇 개의 발상은 이미 세상에서 실현되고 있다.

머릿속에 타임머신을 갖고 있으면 일도 인생도 앞을 내다볼 수 있다. 행운의 여신은 당신에게 미소를 지어줄 것이다.

지적 소유권

오랫동안 발상을 계속하다 보니 그중에는 특허나 실용적인 신안을 얻을 수 있는 생각도 포함되어 있다. 그렇다면 회사에 정식으로 특허 신청을 하여 장려금을 받을 수도 있다. 또한 개인적으로 신청을 내어 보상을 받을 수도 있다.

•아이디어 마라톤 기재 요령과 설명

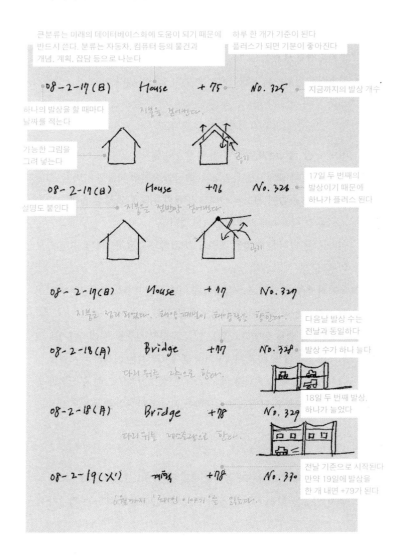

큰분류는 미래의 데이터베이스화에 도움이 되기 때문에 반드시 쓴다. 분류는 자동차, 컴퓨터 등의 물건과 개념, 계획, 잡담 등으로 나눈다

하루 한 개가 기준이 된다
플러스가 되면 기분이 좋아진다

08-2-17(日)　House　+75　NO. 325

지금까지의 발상 개수

하나의 발상을 할 때마다 날짜를 적는다

지붕을 걸어벗다.

기능한 그림을 그려 넣는다

08-2-17(日)　House　+76　NO. 326

17일 두 번째의 발상이기 때문에 하나가 플러스 된다

설명도 붙인다

지붕을 정방향 걸어벗다

08-2-17(日)　House　+77　NO. 327

지붕을 접어 벗겼다. 해안 패널이 해양광장을 향한다.

08-2-18(月)　Bridge　+77　NO. 328

다리 위로 자동으로 한다.

다음날 발상 수는 전날과 동일하다

발상 수가 하나 늘다

08-2-18(月)　Bridge　+78　NO. 329

다리 위를 제스토광으로 한다.

18일 두 번째 발상, 하나가 늘었다

08-2-19(火)　계획　+78　NO. 330

6월까지 「로마인 이야기」를 읽도록.

전날 기준으로 시작된다
만약 19일에 발상을 한 개 내면 +79가 된다

155

지속력 육성 코너 3

:: 지속력의 분류 ::

지속력을 발휘하는 사람에게는 몇 가지 유형이 있다.

백지부터 완성까지 혼자 실행하는 유형

어느 순간 생각이 떠올라 주위 사람들이 뭐라고 말하건 전혀 신경 쓰지 않고 혼자 해나가는 유형이다. 중국의 사기를 저술한 사마천, 걸어서 전국을 측량한 이노우 타다타카 등의 위대한 역사상 업적은 모든 인생을 건 지속력에 의해 만들어진 것이다.

이와 같은 역사상 위업은 개인과 그 그룹의 고통과 인생을 기본으로 이루어지는 예가 많다.

화가와 예술가 그리고 소설가에게 이런 유형이 많다. 이 유형에는 여러 가지 수집에 일생을 건 사람도 포함된다.

이 경우 그 일을 실행하고 있는 인물의 주위 사람들은 애석하게도 그 위대한 업적을 모르고 지나치거나 때에 따라서는 실행하는 사람을 천대하기도 한다. 방해하는 예도 있다. 다행스럽게도 그런 부정적인 협력도 실행하는 사람 본인은 지속하는 힘으로 바꾸어 활용하는 것이다.

꾸준한 반복으로 상승시키는 유형

초등학교 때부터 야구가 좋아서 클럽에 들거나 고등학교 야구부에 속해서 연습을 하는 사람은 결국 프로야구계에서 활약하는 경우가 많다. 야구선수나 피아니스트는 어렸을 때부터 연습을 반복해 체력, 기술, 기력 등을 축적하는데 반복되는 연습은 지속력도 함께 길러준다. 스스로 연습을 계속하고 기술을 연마하거나 부모의 강한 의지로 인생의 방향성이 결정되는 사람도 있다. 부모님의 도움을 받아 지속력이 상당한 수준에 도달한 뒤 부모님으로부터 떨어졌을 때 자신이 갖고 있었던 것은 부모님의 지속력에 대한 종속이었다는 사실을 깨닫는 경우도 있다.

우연히 발견하는 유형

인생의 어느 시점에 우연치 않은 계기로 자신이 하고 싶은 일을 발견하면 그것을 계속해 나가는 지속력이 있다. 그리고 현재 일을 그대로 계속하면서 새로운 목표도 병행해서 진행하려고 하는 다중 실행 유형도 존재한다.

보통 사람들이 무엇인가를 오래 지속하는 것. 지극히 평범하게 보이는 이것은 내가 실행하는 아이디어 마라톤의 기본원리와 같다.

선천적으로 타고나는 유형

천재는 지금까지 존재하지 않았던 생각과 기술을 별안간 아주 자연스럽게 생각해내는 사람이다. 천재가 지속력이라는 도구를 갖고 있으면 어마어마한 힘을 발휘할 수 있게 된다.

제 4 장

실수를 막는 '지킴이' 노트

1. 모든 부주의를 철저히 배제하라!

어느 해, 신입 사원에게 일에 대한 대처 방법에 대하여 감상을 쓰게 했다. 그중 한 사원이 쓴 문구가 눈에 띄었다.

"실수를 두려워하지 않고 일한다."

잠깐! 분명히 실수를 두려워하지 않고 일하려는 마음자세는 알겠지만 신입 사원이 말할 내용은 아니라고 생각한다. 실수를 하면 곤란한 쪽은 회사다. 부서장이나 사장이 신입 사원들에게 여유를 갖고 용기를 북돋워주는 의미에서 이렇게 말할 수는 있지만 본인 스스로 말하는 것과는 경우가 다르다.

실수에도 다양한 종류가 있지만 일단 실수는 피하는 것이 최우선이다. 노력을 해도 회사 일을 하다 보면 이것저것 자연발생적으로 문제가 발생한다. 어느 회사나 마찬가지다.

비즈니스에서는 '일은 실수를 통해 진화한다', '강아지조차 걷다 보면 문제가 생긴다'라고 할 수 있을 정도로 여러 가지 실수와 문제가 생긴다.

이것은 일을 하고 있는 모든 사람들에게 적용된다. 생산 관계, 업무 관계, 영업 관계 등 대부분의 분야가 포함된다.

실수를 일으키지 않는 자기 환경을 만든다

일의 결과가 뚜렷한 영업 분야는 실수도 다른 부서보다 쉽게 노출된다.

영업은 극단적으로 말하면 수주를 할 수 있는가 없는가의 여부로 일의 성적이 결정된다. 당연한 말이지만 언제나 수주가 가능하지는 않다. 예상대로 수주가 성사되면 멋진 일이지만 실패해도 '다음이 있다' 또는 '최선을 다했다' 등 설득력 있는 구실은 얼마든지 있다.

"왜 고객의 주문을 받지 못했나?"

"아닙니다. 구입 결정이 늦은 것뿐입니다."

"그럼, 아직 주문 가능성은 남아 있단 말인가?"

"……네. 아직!"

"그렇다면 열심히 해봐."

부하 직원이 이 정도로 대답해도 그 상태가 무척 곤란한 지경이라는 사실을 윗사람은 이해하고 있어야 한다.

그러나 일의 본질 이전에 주의 부족에 의한 실수를 상습적으로 일으켜 자멸하거나 주위로부터 '저렇게 실수하면 곤란해'라는 조소를 받는 일은 절대 피해야 한다.

"왜, 고객의 주문을 받지 못했나?"

"아닙니다. 구입 결정이 조금 늦어지는 것뿐입니다."

"무슨 말을 하는 거야! 일전에 고객과의 약속을 어겼다며? 고객이 화가 났잖아! 담당자를 바꿔달라고 했어. 그렇게 해서 주문을 받을 수 있겠나?"

"……"

물론 최근에는 윗사람들도 부드러워져서 이렇게까지 힐책을 하지는 않는다. 하지만 실수를 자주하는 직원을 마음속으로는 전혀 신뢰하지 않고 있다는 것을 명심하라.

부주의를 고치는 일은 비즈니스 상의 원론적 기본 요소다. 우선 실수를 일으키는 환경을 자신의 노트에 기록하자. 이것이 자신을 지키는 '지킴이' 노트가 된다. 여기에서 언급하는 모든 실수는 비즈니스 사회에서는 많든 적든 누구나 범할 수 있는 문제들이다.

이 실수들을 막으면 바쁜 시간에 쓸데없는 문제를 일으켜서 일이 늘어나는 것은 막을 수 있기 때문에 당신의 스트레스도 줄고 개인적인 시간도 더 많이 즐길 수 있다.

2. 스케줄 관리에 주의한다

일에 있어서 가장 기본이 되는 사항은 지킬 수 있는 스케줄을 짜고 실행하는 것이다. 약속을 겹쳐서 만들거나 매일 지각을 해서 스케줄을 잊어버린다면 일은 엉망이 된다. 뒤죽박죽으로 스케줄을 짜면 제대로 실행할 수가 없다.

안전한 비즈니스 생활의 기본은 스케줄 미스를 없애는 것이다. 눈코 뜰 새 없이 바쁜 시간에는 아무리 주의를 해도 1년에 몇 번 정도는 실수에 가까운 상황을 만드는 경우가 있다. 그렇게 바쁜 시간에 실수를 하면 다른 일도 전부 뒤엉킨다.

이러한 상황을 피하려면 몇 가지 사항을 인지하고 있어야 한다.

이곳저곳에 스케줄을 써놓지 않는다

수첩의 정해진 면 이외에 회사 스케줄표나 자신의 노트에 따로따로 예정을 적어 놓으면 어딘가에서 문제가 생긴다.

스케줄은 정해진 수첩과 노트에 한정하고 그 이외의 것에는 절대 적지 않는 것이 기본이다. 그러면 실수가 발생하는 빈도가 확실히 줄어든다.

나는 A5 파일 노트 맨 앞에 A4 크기의 스케줄표를 인쇄하고 A5 전용 펀치로 구멍을 뚫어 정리해 두었다. 여기에 항상 새로운 일정을 적는다. 이것이 스케줄을 관리하는 방법이다.

스케줄표는 자주 체크한다

하루에 적어도 4번 이상은 스케줄표를 보도록 한다. 먼저, 일어나서 세수를 하고 난 후 그날의 일정을 체크한다. 이것으로 그날의 예정에 대해 전체적인 파악을 할 수 있다. 스케줄이 머릿속에 들어오고 실수가 일어나지 않게 된다. 스케줄표는 오랫동안 보는 것이 아니다. 1분도 필요 없다. 짧게 몇 초 정도면 충분하다.

출근길의 전철역에서 또는 전철에 탄 뒤에 두 번째 확인을 한다. 이렇게 습관을 들이면 좋다. 10초 정도면 끝날 일이다.

예정이 있으면 작은 소리로 '목적지는 △△, 회의는 ○○시, 좋았어!'라고 되뇐다. 이것으로 실수의 99퍼센트 정도를 막을 수 있다.

다음 확인 시기는 점심 식사 후 일터로 복귀할 때와 집에 돌아와 자기 전이다. 단, 자기 전에 스케줄을 볼 경우 다음 날 중요한 예정 때문에 걱정이 되어 잠을 설칠 수도 있다.

휴대전화와 타이머 기기 이용

한 가지 일에 전념하고 있으면 다음 스케줄을 잊거나 시간을 놓치는 경우가 종종 있다. 이 실수를 방지하기 위하여 휴대전화로 알람을 해 놓는 방법이 있다. 나는 진동 타이머를 주머니에 넣고 다니며 다음 스케줄을 확인한다.

회의 중에 빠져나올 때는 외부에서 휴대전화로 전화를 하게 하거나 알람 기능을 사용하여

"이런, 호출이 와서 죄송합니다!"라는 말과 함께 밖으로 나오는 방법이 좋다.

스케줄표 이용법

책상 위에 커다란 스케줄표를 두고 누구나 볼 수 있게 하거

나 파일 노트에 중요 안건을 컬러로 표시 해둔다. 특히 중요한 건은 빨간색으로 표시해 눈에 잘 띄도록 한다.

준비물은 미리 챙기자

나는 자료 등을 잊지 않고 가져 갈 수 있도록 포스트잇 등에 적어 가방 손잡이에 붙여 놓는다. 이것 때문에 지금까지 많은 도움을 받았다. 집에 돌아오기 전에는 다음 날 일정을 포스트잇에 적어 휴대전화와 함께 놓는다. 또한 고객에 대한 정보와 주소 등 사전에 받은 내용을 다시 묻지 않도록 확실히 기억한다.

사전에 연락하라

먼 곳에 있는 고객의 경우 전날 상대에게 먼저 전화를 해두고 방문하면 상대방이 없거나 하는 불상사를 피할 수 있다. 사전 연락은 상대방에게 미리 준비를 해두라는 의미를 내포하고 있으며 서로의 방문을 재확인하는 기능을 한다.

당일 아침에 연락해 약속을 잡기도 한다. 이는 상대방이 바쁠 경우에 기다리지 않고 만날 수 있는 방법이다. 단, 사전에 전화했을 때 약속을 연기할 미묘한 가능성이 있는 경우가 있다. 사전 연락이 오히려 손해가 될 수도 있는 것이다. 이때는 영업의 감각을 적절히 이용해야 한다.

당신을 만나기를 원치 않는 상대에게 몇 차례에 거쳐 약속 확인을 하면 거절을 받을 가능성이 농후하다. 아니면 만나도 탐탁지 않게 나올 가능성도 있다.

따라서 여비서와 같은 부드러운 수단을 이용하여 약속 확인을 받기도 한다.

"항상 신세가 많습니다. 히구치 씨가 오늘 찾아뵈려고 하는데 혹시 몰라 먼저 확인을 받아두라는 지시가 있었습니다."

메일을 이용하는 것도 중요하다. 메일의 경우 '약속대로 지금 그쪽으로 출발하겠습니다'라고 보내면 벌써 출발했기 때문에 상대방 마음이 바뀌어 거절을 하고 싶어도 할 수 없는 상황이 된다.

약속 당일에 상습적으로 만남을 취소시키는 고객도 있기 때문에 이 경우에는 메일을 보내고 그냥 방문하기도 한다.

3. 건망증은 실수의 원인

건망증의 종류는 다양하다. 휴대전화를 집에 놓고 오거나 아내에게 용돈 받는 것을 잊기도 하고 일하다가 가방을 아무데나 두고 오는 등 여러 가지가 있다.

어느 영업 사원이 전철을 타고 시부야 역에서 내렸다.

앗! 실수했다는 생각이 드는 그 순간 전철은 이미 출발하고 있었다. 주변에 역무원은 아무도 없었고 그는 재빨리 개찰구로 뛰어가 물었다. '지금 신주쿠로 출발한 전철이 언제 다시 돌아옵니까?' 물건을 놓고 내렸다는 말은 하지 않았다.

"그 전철은 약 한 시간 뒤에 다시 돌아옵니다. 아직 몇 차례 더 돌 예정입니다."

고객과의 약속 시간이 정해져 있었기 때문에 그는 시부야 근처로 나가 만남을 가졌다. 한 시간 가량 뒤에 고객과 헤어졌고 두 시간 뒤 같은 역 같은 장소에서 같은 열차를 탔다. 그때 그의 가방은 그대로 짐칸에 있었다고 한다. 하지만 이런 일화가 또 일어나리라고 기대해서는 안 된다.

가방을 짐칸에 두지 않는다

학생 시절부터 비즈니스맨이 된 35년 동안 가방을 짐칸에 올려둔 적이 없다. 따라서 짐칸에 물건을 놓고 내린 기억이 없다. 짐칸에 물건을 올려놓지 않는 이유는 스스로 건망증이 심하다는 사실을 알고 있기 때문이다. 졸거나 역에 도착해서 서둘러 내리는 경우도 있다.

짐칸 이외에도 물건을 잃어버릴 가능성이 있는 장소는 많지만 짐칸은 심리적으로 물건을 잃어버리기 쉬운 시야에서 벗어난 위치에 있다. 인간에게 시야에서 위쪽에 있는 각도는 제일 간과하기 쉬운 각도다. 따라서 손잡이에 종종 머리를 부딪힌다. 그 각도를 잘 보지 않기 때문이다.

유럽에서는 짐칸에 물건을 올려두면 눈 깜짝할 사이에 훔쳐간다. 짐칸에 중요한 물건을 놓고 자버리면 누가 가져가도 모른다. 정말 간단히 훔쳐갈 수 있다. 이보다 쉬운 도둑질은 없을 것이다.

주변에도 짐칸에 가방을 놓고 내려 잃어버리는 사람들이 많다. 대개 영업맨들의 노트북에는 고객 리스트도 함께 들어 있다. 만약 잃어버린 가방에 노트북이라도 들어 있으면 개인 정보가 새어 나가 미디어에 돌아다닐 수도 있다. 그렇게 되면 회사로부터 비난을 받게 되고 비즈니스맨으로서의 생명에 치명타를 입게 된다. 짐칸에는 중요한 가방은 절대 놓아두어서는 안 된다. 그렇다고 해서 좌석 옆에 가방을 두는 것도 안전하지는 않다. 어깨 끈이 달린 백에 넣어 가슴에 둘러메는 방법이 가장 효과적이다.

물건은 정해진 위치에 놓는다

같은 장소에 같은 물건을 넣어두는 습관은 건망증을 예방하는 방법이다. 지갑은 오른쪽 바지 주머니. 나의 지갑은 카드나 명함 등이 들어 있어 두툼하다. 그래서 쉽게 주머니에서 빠지지 않아 안전하다. 왼쪽 주머니에는 열쇠 꾸러미를 넣어두는데 이것도 끈 달린 시계처럼 가늘고 편리한 체인으로 허리띠에 꿰어 고정시킨다. 외국에 나갈 때는 오른쪽 주머니에 여권을 넣고 그 위를 안전핀으로 고정시킨다.

출발 전에 '오른쪽 주머니 지갑, 왼쪽 주머니 휴대전화'라고 중얼거리며 주머니를 확인한다.

재확인은 필수다

여행을 가서 선물을 사고 호텔 냉장고에 넣어둔 채 다음 날 아침 잊고 돌아오는 경우를 많이 겪었다. 나는 이것과 유사한 실수를 일터에서도 자주 범한다. 따라서 포스트잇에 '냉장고를 봐라'라는 메시지를 적어 호텔 문 안쪽에 붙여 놓는다. 일을 할 때는 가방 손잡이에 '자료를 잊지 않도록'이라고 써 붙여 놓는다. 하지만 책상 위에 재확인 표시를 해도 보지 않으면 무용지물이다. 그래서 나는 집을 나설 때 휴대전화를 잊지 않기 위해서 현관에 휴대전화의 모형을 놓아두고 있다.

기본 3종 세트를 결정한다

사람은 3가지 정도는 간단하게 확인할 수 있다. 집을 나서기 전에 확인하는 3종 세트는 휴대전화, 지갑, 열쇠 꾸러미이다. 이와 같이 영업 준비의 3종 세트를 고객의 소재지 지도, 계절, 날씨에 대한 자료, 네트워크 정보라고 해보자. 그럼 이렇게 정해진 이후 '3종 세트 준비됐나?'라고 복창하며 확인한다.

고객을 방문할 때의 3종 세트는 자사의 회사 개요, 카탈로그, 고객에 대한 제안서가 된다. 이렇게 3종 세트로 묶는 방법이 전체 업무를 파악하기 용이하다.

또한 명함을 다 써버리면 신경이 쓰여 영업에 집중할 수 없다. 명함은 한 통 정도 항상 집에 비치해 둔다. 카탈로그 등 3종 세트도 집에 여분을 준비하는 것이 영업 사원의 노하우다.

4. 모든 기록을 문서화하자

일을 할 때 모든 것은 문서화하는 것이 좋다. 구두로 일을 진행하고 결정하는 것은 위험한 행동이다. 일의 진행이 원활하지 않을 때 잘못된 부분을 체크하기도 어렵다. 나 역시 영업을 하며 노트 기록 때문에 몇 번이나 도움을 받았다.

회의를 할 때 의사록은 스스로 쓰는 것이 좋으며 보고서는 전자문서화하는 편이 유리하다.

적는 방법을 단일화한다

수첩이든 노트든 하나로 통일하는 방법이 중요하다. 내가 일하던 직장에서는 A5 파일 노트가 부서 표준 노트였다. 부서 회의가 있을 때나 고객 방문을 할 때 직원들이 노트를 잊고 가면 혼을 냈다.

기록을 할 때는 여기저기 중구난방 적어서는 안 된다. 다른 곳에 옮겨 적을 때 내용의 정확성이 떨어지는 경우도 있고 아예 잘못 적는 사례도 있다. 따라서 수첩에 기록하고 가능한 빠른 시간 안에 정해진 노트에 옮겨 적어야 한다. 또 관리 부족으로 종이가 찢어져서 기록한 것을 잃어버리는 예도 있다.

노트는 날짜순으로 기록해야 한다. 중간에 백지를 만들거나 이곳저곳을 사용해 기록을 하면 단일화된 노트를 사용하는 의미가 없다. 이것은 회사 기록으로도 굉장히 중요하며, 기록은 고객의 컴플레인에 대응할 때도 긴밀하게 사용된다.

영업 일지와 의사록의 제출 기한은 그날로 한정한다

비즈니스는 기록에 근거한다. 그렇기 때문에 영업일지나 의사록은 모두 그날 안에 제출하는 것이 원칙이다.

일기를 쓸 때도 하루라도 건너뛰면 그날의 기록은 제대로 할 수 없다. 하물며 이틀 전의 일을 완벽하게 기억하고 있는 사람은 그렇게 많지 않다. 그 정도로 인간의 기억은 날아가기 쉬운 것이다.

의사록은 부탁해서라도 쓴다

고객 또는 교섭할 상대팀과 합동 회의에 들어가기 전에 주 기록원과 보조 기록원을 정해둔다. 비즈니스 회의에서 의사록 작성은 자사에 유리한 조건을 취하기 위한 방법 중 하나다. 의사록에 이야기된 내용과 다른 것을 기록하는 행위는 당연히 규칙 위반이고 신용을 잃게 된다. 하지만 자사에게 유리한 내용은 자세하게 적거나 자사에 불리한 조건 또는 아무래도 괜찮은 내용은 간단하게 취급하기도 한다. 대충 적어 두고 심지어는 그 내용을 삭제한 채 기록하는 예도 있다.

따라서 회의 전에라도 '의사록은 우리 쪽에서 원안을 만들었는데 괜찮겠습니까'라고 확인해야 한다. 설사 상대방이 '오늘 의사록은 우리 쪽에서 준비했습니다'라고 주장하며 힘의 역학 관계상 반대할 수 없을 때에도 상대방 팀의 누가 의사록을 작성하는지 묻고 확인한 후 자사 의사록 담당에게 상대팀과 의견 교환을 하여 의사록을 완성하라는 지시를 내린다. 열심히 의사록을 적다 보면 졸음을 피하는 효과도 생긴다.

사전은 항상 휴대한다

나는 신입 사원일 때 상사로부터 보고서 퇴짜를 맞은 적이 여러 번 있었다. 상사는 늦게까지 회사에 남아 보고서와 품의서 작성을 시키면서 심술궂은 신문사 데스크가 그러듯 몇 차례나 빨간 펜으로 죽죽 줄을 그어댔다. 여러 차례 정정을 해서 종이가 찢어진 기억도 있다.

상사는 신입 사원에게 전자사전을 늘 갖고 다니라고 가르쳤다. 잘못 쓰인 글자는 보기 어려울 뿐만 아니라 지적 레벨을

의심받을 수도 있다. 정확한 맞춤법과 올바른 글자는 보고서를 쓸 때 기본이 된다.

5. '보고' 실수를 방지한다

고객에게 실수를 빨리 인정한다. 이것이 나의 영업 특징이다. 과장 시절이나 차장 시절에도 문제가 생기면 곧바로 사과하러 갔다. 부장이 되어서도 변함이 없었다. 사과는 지체하지 않고 서둘러 한다. 라면이 불기 전에 사과하러 갈 정도였다. 물론 고객이 중요했기 때문이지만 빠른 시간 안에 잘못을 사과하는 행동은 문제의 후유증을 최대한 줄이는 방법이라고 생각했다.

어느 날 사무실 천정 배선 공사를 해준 고객에게 전화가 걸려왔다. 천장에 구멍이 뚫려 발이 빠졌다는 것이다. 지체할 새 없이 즉시 사과하러 달려갔다. 가까운 곳은 오토바이를 타고 사과를 하러 다녔다. 전화로 불평을 들은 뒤 5분 후에 고객 사무실로 사과하러 가자 '급행이네!'라는 말과 함께 고객의 노여움이 풀린 적도 있었다.

그런 연유로 부하 직원이 문제를 일으키거나 고객으로부터 불만의 소리를 들었다는 보고를 게을리 하면 미친 듯이 화를 냈다. 일을 할 때 실수와 문제는 반드시 일어난다. 실수와 문제를 일으키지 않고 진행되는 일은 없다고 해도 과언이 아니다. 하지만 실수와 문제는 더 발전할 수 있는 기회가 된다. 따라서 더 적극적으로 사과했고 일을 해결하려 노력했다.

나쁜 이야기는 가능한 빨리 보고할 것

건담이라는 만화 주인공은 거대한 전투 로봇을 조종한다. 거대한 로봇을 자유자재로 조종하는 데는 기술뿐만 아니라 약간의 초능력 같은 것도 필요해서 주인공은 초능력자인 새로운 유형으로 그려진다.

그 만화를 몇 차례 보면서 '나 역시 같은 유형이다'라는 생각을 한 적이 있다. 나는 나쁜 일이 일어날 때 감각이 살아나는 것을 느낀다.

비즈니스를 하다보면 유연하게 진행되던 계약이 틀어지거나 기술적으로 안 좋은 문제가 야기되기도 하고 계약 전에 생각지도 않던 곳에서 경쟁사의 방해를 받는 일도 있다. 이런 나쁜 일이 일어날 것 같은 예감은 대체로 잘 맞는다.

물론, 누구나 나쁜 이야기는 듣고 싶어 하지 않는다. 나 역시 이야기하고 싶지 않다. 그렇지만 나쁜 이야기를 방치하면 일은 더 악화되는 경향이 있다. 나쁜 뉴스는 시속 100킬로로 확산되기 때문에 시속 120킬로로 달려야 한다. 그대로 방치해둔 고객의 노여움은 시간이 흐르면 눈덩이처럼 커진다.

24시간 보고를 접수한다

나는 항상 부하 직원 모두에게 '어떤 일이라도 24시간 보고해도 불평하지 않겠다'라고 말한다. 사내 전화는 물론, 휴대전화, 전자메일 등 수단은 다양하다. 부하 직원들에게 긴급 연락처를 나누어 주었고, 나 역시 부서 내의 연락처를 작게 인쇄하여 가지고 다녔다. 하지만 부하 직원과 24시간 접촉하지는 않는다. 부하 직원은 독자적인 판단을 거치기 때문에 보고를 늦게 하기 쉽다.

"그래서 자네는 언제 이 문제를 알았나?"

늦은 보고에는 철저하게 질책했다. 시간이 지나자 부하 직원들은 보고가 늦으면 강하게 화를 내는 나의 성향을 알아채고 밤늦은 시간에도 편하게 보고를 하게 되었다.

보고는 조금 빠르게, 조금 많게

상사의 입장으로서 부하 직원의 보고를 들을 때 화가 나는 경우가 있다. 말로 하면 1분도 걸리지 않는 중요한 사안을 오랜 시간을 들여 보고서를 만든 뒤 내가 퇴근하고 나면 결과 보고서를 책상 위에 살며시 갖다 놓는 것이다. 중요한 사안은 보고서를 만들기 전에 미리 구두로 보고하는 것이 좋다.

어떠한 보고라도 조금 빨리 조금 많이 하는 것이 핵심이다. 보고와 연락은 나를 포함한 모든 부서 직원이 어느 정도는 알고 있도록 지시를 내렸다. 물론, 윗사람이 부하 직원에게 보고할 때도 마찬가지다.

우선 휴대전화로 보고한다

먼저 휴대전화, 전자메일로 보고를 한다. 사내 메일을 통해 보고하는 것도 중요하다.

회사 메일은 집에서도 확인이 가능하기 때문에 보고하는 사안을 바로 볼 수 있다. 메일이 들어오면 제일 먼저 최우선적인 답신을 한다. 급한 일일수록 답신을 보내는 즉시 상대방도 메일을 보내온다. 따라서 나는 새로운 메일이 도착하면 촌각을 다투어 답신을 보내고 있다.

상대방이 메일을 보낸 뒤 메일 회선에서 로그아웃하기 전에 답신 메일이 보내지도록 노력한다. 이것은 엄청난 효과를 지니고 있다. 또한 메일을 쓸 때 '숨은 참조(BCC)'의 기능을 사용하면 다른 사람에게는 숨기고 특정인에게만 이메일의 내용을 알릴 수 있다.

6. 인간관계는 모든 일의 출발점

오랫동안 해외에서 근무하는 주재원들의 인간관계는 세 부류로 나뉜다.

첫 번째는 현지인과 잘 융합하는 사람들이다. 현지가 너무 좋다고 온몸으로 표현하며 분위기를 완화시킨다. 현지인들과 잘 어울려 맡은 업무도 자연스럽게 진행된다.

나도 주재했던 아프리카, 중동, 동남아시아, 서남아시아 어디서든 현지인들과 사이가 아주 좋았다.

두 번째는 무엇을 생각하고 있는지 알 수 없는 표정을 짓는 사람들이다. 이 부류는 상당히 많다. 이런 사람들은 열심히 일하지만 현지인 눈에는 무엇 때문에 일을 하고 있는지 알 수 없을 정도로 감정이 무디게 보이는 사람들이다. 따라서 이들은 현지에 있는 것 자체를 재미없어 한다는 오해를 불러일으키기도 한다.

마지막으로 현지의 나라와 국민을 바보로 취급하거나 비하해 싫은 소리를 듣는 사람들이다. 이런 부류는 생각보다 많다. 하지만 이런 태도는 언젠가 문제를 야기할 가능성이 크다. 현지 사람들에게 자신들의 나라를 싫어하고 있다는 마음을 금방 읽힌다.

회사 밖에서 고객을 만날 때는 조심스러운 태도를 유지해 만약 상대를 낮게 보더라도 그것을 표출하지 않는다. 하지만 사내에서는 자신도 모르는 사이에 부주의로 인한 언동을 보이는 경우가 종종 있다. 그런 때는 사내 현지 직원에게 마음을 읽힐 수 있다. 특히 일본의 현지 회사에는 일본어가 가능한 사람들이 있기 때문에 이야기는 돌고 돌아 결국 고객에게까지 전해진다.

현지 나라와 사람들을 바보로 여기는 사람은 어딘가에서 바닥이 드러나 현지인들과 좋은 관계를 형성하지 못한다. 해외에 주재하고 있는 많은 주재원들이 현지인과의 감정적인 문제에 휘말려 귀국 조치를 받는 사례를 여럿 목격했다. 좋고 나쁨은 무의식중에 얼굴에 드러나기 때문에 항상 긴장을 늦추지 말아야 한다.

면담이 끝난 뒤에 다른 곳으로 자리를 이동해도 상대방을 험담하는 부하 직원이 있으면 주의를 준다. 일, 장소, 시간에 관계없이 영업자는 고객에 대한 험담을 해서는 절대 안 된다.

발 없는 말이 천리를 간다는 말이 있듯이 고객에 대한 험담은 피해야 한다. 험담을 하지 않아도 안 좋은 표정으로 고객에게 나쁜 인상을 줄 수가 있는데 뒤에서까지 불만을 표출하면 반드시 업무에 마이너스 영향을 미칠 것이다.

그렇게 되면 영업은 극단적으로 난관에 봉착한다. 팔 수 있는 상품까지 팔 수 없게 된다. 절대로 고객에 대한 험담을 하지 않는 자세가 인간관계의 출발점이다.

물건을 팔러 갈 경우 국내외 상관없이 손쉽게 예스,라고 말하는 경우는 지금까지 없었다. 30년 동안 영업을 하면서 첫 만남으로 물건을 구입하는 고객은 단 한 명도 만난 적이 없었다. 물론 연줄이나 소개로 만나는 경우는 제외한다.

많은 고객을 방문한 결과 첫인상이 가장 커다란 영향을 미친다는 것을 알았다. 그 이유는 당연하지만 두 가지로 정리할 수 있다.

하나는 상대방이 자신에게 갖는 인상이며, 다른 하나는 자신이 상대방에게 보이는 인상이다. 상대방에게 인상을 나쁘게 보이면 좋아질 때까지 반복해서 찾아가는 수밖에 별 도리가 없다. 그래서 첫인상을 안 좋게 보이면 회복하는 시간이 매우 길어진다.

간단한 예로 해외여행을 할 경우 입국 심사를 할 때 복장으로 판단되는 일이 많다. 청바지를 입고 있으면 짐을 조사 받을 확률이 높아지기 때문에 나는 혼자 여행할 때도 양복과 넥타이를 착용한다.

특히 영업은 사람과 사람의 인상과 감정의 움직임을 어떻게 이용하는가 여부에 달려 있다. 상대방이 자신에게 나쁜 인상을 갖고 있으면 그것을 플러스로 바꾸어야 하고, 좋은 인상을 갖고 있다면 보다 더 증폭시켜야 한다.

우리들은 항상 처한 상황과 분위기를 읽으면서 살아간다. 당연한 이야기지만 슬플 때나 심각한 사태에 직면했을 때는 웃지 않는 것이 좋다.

평상시에도 무서운 상사가 기분이 좋지 않을 때 기름을 붓는 어리석은 행동은 삼가는 것이 상책이다. 그러나 개중에는 일부러 그런 타이밍을 놓치지 않고 말도 안 되는 행동을 하는 자가 있다. 스스로 지뢰를 밟는 행위이다. 또 지각했을 때 임원으로부터 호출이 있거나 긴요한 회의에서 혼자 졸고 있으면 오래도록 안 좋은 인상이 남는다.

낭패를 최소한으로 줄이는 비즈니스 인간관계를 열거하면 다음과 같다.

만남은 비즈니스의 완성

나는 일찍이 통신회사에서 전화 서비스를 담당했다. 그런데 전화 영업을 하며 고객들을 사로잡기란 쉬운 일이 아니었다. 쉽게 해결될 수 있는 문제도 해결 안 되는 경우가 많았다.

고객과의 관계가 친숙해지는 방법은 면담이었다. 통신회사는 전화를 비롯한 통신수단이 영업과 그 이외의 비즈니스를 간단하게 만든다고 생각해 판매의 핵심으로 보고 있지만 실제로는 전혀 다르다.

전화로 통화하는 일이 늘어나면 면담으로 이어지는 사례도 많아진다. 이는 국내뿐만 아니라 해외의 경우도 비슷해서 전화로 영업을 하다 보면 한번 만나고 싶은 기분까지 든다.

달 표면에서 지구와 화상 면담을 몇 차례 하게 되면 장차 달까지 출장을 가게 되는 지경에 이를지도 모른다. 그만큼 인간은 만남을 통해 서로 무릎을 맞대며 비즈니스를 완성시킨다. 또한 사람과의 만남은 비즈니스의 즐거움이 된다.

전화, 메일, 면담의 조화를 이룬다

특정 고객을 매일 방문하는 행동만으로도 충분히 일을 하고 있다고 말할 수 있다. 예를 들어, 상대방이 대기업이나 공공기관에서 일하고 있다면 그 기업의 일을 맡는 것만으로 충분한 성과를 올릴 수 있기 때문이다.

나는 사우디아라비아에 주재원으로 근무할 때 거래를 하던 전력회사를 오전, 오후 두 차례씩 방문했다. 하루에 두 번씩 이어지는 방문에 고객이 이렇게 말할 정도였다.

"히구치 씨는 여기에 책상을 놓으면 어떨까요?"

이렇게 말해 주는 자체가 명예라고 생각했다.

같은 고객을 하루 몇 차례나 방문할 기회가 있다는 사실은 중요하다. 중요한 거래처를 몇 개 정도 갖고 있으면 고객이 매일 방문하는 느낌을 받을 수 있도록 전화와 메일을 포함한 접촉을 게을리 하지 말아야 한다.

'일이 없으면 안 오네', '자기 좋을 때만 오잖아'라는 말은 영업을 할 때 절대 들으면 안 된다. 특히 윗사람과 함께 거래처에 인사하러 갔을 때 이런 소리를 들으면 상당한 악영향이 미친다.

고객에게 신선한 정보를 제공한다

고객이 필요로 하는 정보를 작은 것이라도 프린트해서 갖고 가거나 담당자의 취미에 관한 최신 정보를 입수해서 찾아가면 세심하고 배려 깊은 사람으로 보인다. 긴 안목에서 볼 때 유리한 상황을 만들 수 있다.

상사맨이기 때문에 고객에 맞춰 관심사를 추측하고 미리 알아보는 일은 당연하다. 운송에 관련된 직업에 종사하는 고객이라면 해외에서의 운송 관련 대형 사고에 당연히 관심을 가질 것이다. 따라서 나는 아침 첫 뉴스에 운송 관련 뉴스가 있으면 자사의 영업 네트워크를 통하여 그 뉴스의 영어판 신문을 팩스로 전달 받기도 했다.

지금은 인터넷을 통해 보다 명확한 뉴스를 고객에게 전달할 수도 있다.

메일로 오는 질문은 즉시 답신을 보낸다

앞에서도 언급했지만 나는 곧바로 답장이 가능한 메일은

초를 다투어 답장하는 것에 신념 비슷한 집착을 가지고 있다. 대부분의 사람들이 답장을 천천히 보낸다. 하지만 메일은 보내는 동시에 상대방에게 도착하기 때문에 자신이 하려는 의지를 빨리 보여줄 수 있는 유용한 수단이 된다. 메일을 쓸 때는 먼저 '열심히 하겠습니다' 또는 '감사합니다' 등의 이어지는 연결 메일을 사이에 넣고 '최대한 빨리 조사하겠습니다' 등의 내용이 이어지게 보내면 깊은 인상을 남길 수 있다.

보낸 사람의 의식과 기억이 선명할 때 답장이 오면 당연히 기쁠 것이고 다음 행동을 취하기도 쉽다. 문제가 없다면 메일에 대한 답장은 즉시 보내는 것이 중요하다.

작은 주문이라도 받으면 결정적 기회를 잡을 수 있다

어떤 고객에게라도 주문을 받으면 몇 번이든 재방문할 수 있다. 작은 주문은 이후의 주문을 얻어낼 수 있는 최고의 구실이 된다. 같은 회사에서 두 번째 주문을 받는 일은 안정적으로 비즈니스를 하고 있다는 증거다.

명함 이외의 명함을 가져라

회사의 명함 이외에 자신의 취미와 사상 그리고 봉사활동

등의 내용을 담은 명함을 가지고 있는 사람이 있다. 상대방에게 조금이라도 깊은 인상을 남기고 싶은 노력의 일환이다. 자신의 명상집과 시집을 만들어 소중한 고객과 친구들에게 건네기도 한다. 자신의 책을 출판하는 것도 좋은 방법이다.

첫째도 인내, 둘째도 인내

영업을 하기 위해 셀 수 없이 고객을 찾아가도 주문을 받지 못하면 정말 고통스럽다. 그렇다고 해서 진행되고 있는 일을 쉽게 포기할 수도 없다. 포기를 할지 계속 진행을 할지 판단이 서지 않은 채 계속 방문하는 것은 심적으로도 괴로운 일이 된다. 그렇지만 영업에서 인내는 가장 필요하고 바탕이 되는 요소다. 괴롭고 힘들어도 끝까지 일을 진행해 성공시켜야 한다.

하지만 주문을 얻어내지 못하고 있는 고객과 일 이외의 이야기가 일체 통하지 않는다면 곤혹스럽다. 이 경우 거래 성사 가능성은 없다고 해도 무방하다. 나는 인간관계가 보이지 않으면 같이 식사를 하지 않았다.

7. 분위기 파악은 요령있게

회의는 인맥 즉, 네트워크 확인 작업이다. 따라서 회의석에서의 인상은 그 사람의 공식적인 인상이 된다.

회사의 일을 타인처럼 취급하고 무관심, 무책임, 무지한 발언과 불성실한 태도를 계속하면 근무하고 있는 동안 당신은 자신의 이미지를 크게 손해 본 채 오랜 기간 그 이미지에서 벗어날 수 없다.

회의에 출석했을 때 회의 주제를 사전에 사무국과 사회 또는 중심인물에게 물어서 알아두는 것이 사내의 위기관리와 정보관리의 핵심이다. 주제에 따라서는 관계가 될지도 모를 자료를 지참하고 숫자상의 설명이 필요할 경우 손에 익은 계산기를 준비하는 자세는 높은 평가를 받을 수 있다.

회사에 따라 다르지만 '자유롭고 활발한 의견을 내주세요'라고 사무국이 이야기하는 경우가 있다. 하지만 실제로는 회의해야 할 내용을 출석자 과반수가 숙지하고 있는 경우도 있으므로 주의해야 한다.

만약 당신이 그 의제의 기본적 전제 수준에서 질문을 반복한다면 '그 의제는 이미 토론이 끝났네. 다시 그 이야기를 꺼내면 회의 진행이 어려우니 그만하지'라고 하며 회의에서 소외시키는 경우도 있다.

회의가 끝난 뒤 참석자 대다수의 머릿속에는 회의에서 결정된 사항보다는 자신의 회의 태도가 기억에 남을 것이다. 특히 회의 진행을 고의적으로 또는 부주의하게 방해했을 때의 잔상은 더 오래간다.

회의는 사람을 평가하는 장소

회의에 참석할 때 노트와 수첩, 보고 용지와 필기구를 준비하지 않는 것은 잘못된 행동이다. 신입 사원은 물론 임원이라도 회의에는 필기구를 갖고 참석하고 발언자의 키워드와 발언의 방향(긍정적 또는 부정적)을 자신이 알아보기 편하게 정리한다.

지면을 아까워할 필요는 없다. 글자체나 크기에 상관없이 빠르게 필기하도록 한다. 누군가의 발언이 끝났을 때는 자신이 쓴 그 사람의 주요 발언 내용을 검토한다. 당신이 발언할 경우 스스로 설명하는 내용의 키워드를 노트에 적으면 회의에서 이야기할 때 논리적으로 설명하기 편리하다.

누군가가 당신에게 새롭고 중요한 일을 맡기고 싶다고 생각할 때 회의에 참석하는 당신의 태도가 굉장히 중요한 역할을 할 가능성이 있다. 특히 몇 단계 위의 윗사람이 지켜보는 경우 회의는 사람의 능력을 판단하는 장소가 된다.

- 회의에 절대 늦지 않는다
- 회의의 주제를 먼저 관계자에게 전화로 물어보고 조금이라도 자료를 수집한다
- 다른 사람의 의견을 핵심 단어로 정리한다
- 자신의 의견을 키워드로 정리해서 발언한다
- 단일화된 노트에 날짜, 시간, 출석자, 장소를 기록한다
- 의사록을 작성한다
- 훌륭한 발언을 한 사람에게 메일로 의견을 보내는 것도 포인트다

:: 지속력 육성 필요기간 ::

지속력은 시간이 필요하다.

시간의 축적

한마디로 지속력을 육성하자라고 말해도 단기간에 눈에 보이는 성과를 이룰 수는 없다. 지속력은 목적과 과정의 차이에 따라 짧게는 몇 달에서 길게는 수십 년에 걸쳐 만들어진다.

예를 들어 로마제국은 500년 또는 1000년에 걸쳐 제국이 완성되었다. 이것은 수백, 수천 년에 걸쳐 세대를 아우르는 지속력의 집합체다.

끊임없는 노력

한 사람의 인생을 투자해 만들어진 지속력도 있다. 음악, 스포츠, 미술 등의 분야에서 수십 년 동안 끊임없는 노력을 계속하면 명인과 달인의 경지에 이르게 된다.

이에 반해 몇 개월에서 몇 년이 지나면 효과를 발휘하는 아이디어 마라톤과 같은 단기전도 있다. 단기적인 지속력은 일단 그 힘이 확인되면 더욱 발전시켜 장기 지속력으로 이어가기 쉽다.

아이디어 마라톤은 지속력을 강화시킬 뿐만 아니라 오리지널 발상을 축적함으로써 여러 가지 목표를 설정하는데 도움이 된다.

제5장

행운과 성공을 부르는 '공격'노트
—비즈니스 12가지 교훈

1. 순발력을 기른다

'지킴이' 노트가 있으면 반대로 '공격' 노트도 있다. 공격은 최선의 방어다. 5장에서는 내가 지금까지 실천한 비즈니스의 12가지 지침에 대해 설명하도록 하겠다.

비즈니스의 본질 중 하나는 '속전속결'이라고 생각한다.

일은 미루거나 실행을 주저하면 안 된다. 결정해야 할 사항은 지금 결정하자는 것이 나의 일에 대한 가치관이다. 할까? 말까? 미적지근한 자세는 사양이다. 태도를 분명히 해야 할 필요가 있다. 움직임이 **빠른** 기업, 결정이 **빠른** 유통업계, IT 기업은 강하다.

빠른 결정은 긍정적인 결과를 가져온다

인생을 돌이켜 보면 특히 비즈니스의 경우 결정의 순간을 늦추었을 때 좋은 방향으로 전환되는 경우도 있었지만 대부분의 경우는 결정이 빨랐을 때 긍정적인 결과가 나왔다.

33년 동안 영업직에 몸을 담았다. 좀처럼 주문을 하지 않는 고객을 반복적으로 설득하면서 실제로 주문을 받을 수 있을지 걱정됐고 주문이 나온 이후에도 무사히 일을 완결해 고객에게 인수할 수 있을지 조마조마한 마음으로 지켜보았다. 항상 걱정과 긴장 속에 살았다.

중요한 안건의 경우 부하 직원들에게는 '괜찮아!'라고 말하면서도 발주 직전까지 안절부절 못했다. 그러다가 무엇인가 꺼림칙한 이유를 찾아내면 즉시 고객을 방문했다.

하지만 빠른 결정을 하고 싶어도 결정이 쉽지 않은 경우도 많다. 아주 좋은 조건임에도 불구하고 고객은 좀처럼 결정을 하지 않는다. 스트레스가 쌓이는 시간이다. 고객 쪽에서 시간을 두고 생각하는 경우라 어쩔 수 없지만 경쟁 상대에게 역전되지는 않을까라는 걱정이 들었다.

반면 우리 쪽에서 시간이 걸리는 때도 있다. 고객의 질문에 즉각적으로 대답을 하지 못하는 경우다. 회답은 가능한 빨리 처리하는 것이 중요하다. 이런 생각에는 나의 급한 성격도 한 몫하긴 했지만 역시 시간을 낭비하는 행위는 좋지 않다.

즉시 대응하기 위해서는 순발력이 필요하다. 보통은 여유롭게 처리하지만 이때다 싶은 경우는 순간적인 판단과 행동을 취할 필요가 있다.

고객에게 무엇인가 질문을 받았을 때 기술적인 것이든 일반적인 것이든 답을 주지 않고 머뭇거리는 행위는 부끄러운 일이라 생각했다. 소중한 고객으로부터 질문을 받는 경우에는 가능하면 자사의 최고 기술자와 동행했다.

고객 앞에서 서비스를 보여라

또 하나의 나의 특기는 그 자리에서 실증을 하는 것이다.

"귀사의 시스템을 도입할 경우 즉시 서비스팀이 올 수 있습니까?"

이런 질문을 받으면 효과는 더욱 커진다.

"여기라면 30분 정도면 가능합니다."

나는 즉시 휴대전화를 꺼내 들고 본사로 연락을 한다.

"○○영업부 히구치입니다. △△서비스맨을 최고로 빨리 보내주십시오."

"어디다 전화하셨습니까?"

"지금, 실증적인 실험으로 진짜 서비스 담당을 불렀습니다.

어디서 서비스맨이 오는지 알게 될 것입니다."

"실증적인 실험이라고요?"

이때가 바로 순발력을 보여줄 기회다. 이런 상황을 대비해 실증적인 실험을 위한 요청 가능성을 미리 서비스팀에 알려두었다.

고객에게 설명을 하고 있는 사이에 서비스 담당자가 도착하도록 되어 있다. 실제로 서비스를 눈앞에서 보여주는 것이 나의 아이디어였다.

순발력은 순간 판단력, 즉각적인 대답이 표현된 결과물이다. 하지만 이 결과물을 도출하기 위해서는 충분한 지식과 경험이 뒷받침되어야 한다.

해외 주재원 시절 나는 작은 사무소의 소장이나 마찬가지였다. 사무소는 한 칸짜리 집으로 2층은 나의 사무실이고 아래층은 영업 담당자 사무실이었다. 도쿄 본사에서 영업 담당자에게 메일이 오고, 그 메일이 내게 도착하기 전에 나는 담당자에게 '중요한 일이니 즉시 처리'하라고 지시 메일을 보낸다. 그리고 동시에 본사에 '곧 처리하겠습니다. 잠깐만 기다려 주세요'라는 메일을 보낸다. 이런 과정을 거치면 모두가 기분 좋게 일할 수 있게 된다. 순발력은 비즈니스의 기본자세다.

2. 집념과 일관성을 지킨다

33년 동안 영업 담당을 하면서 가장 열정적으로 일하게 되는 때는 고객이 일관성이 있거나 집념이 강한 사람일 경우다.

집념이 강한 고객일 경우 실적이 나오기까지는 상당히 오랜 시간이 걸릴 수도 있지만 일단 실적이 나온 뒤에는 반대로 친절해지고 안정적인 신뢰성을 얻을 수 있다. 그렇기 때문에 고객의 일관성과 집념이 이번에는 회사의 실적을 지속시켜 주는 기초가 된다. 따라서 실적이 오르기 전의 기간에도 실적이 나온 다음과 똑같이 진지한 태도로 고객을 방문했다.

만약 신규 고객이 고집스럽게 집착이 강하고 지금까지의 거래를 바꾸지 않으려고 하면 상대방 이야기 중에 극히 미세한 부분이라도 현재 사용하고 있는 경쟁 상대의 제품에 불평과 불만은 없는가 촉각을 세우고 분석해야 한다.

고객의 방문을 게을리 하지 마라

어느 경우든 일관성과 집념이 강한 고객에게는 나 자신도 영업을 하면서 집착을 보였다. 고객보다 일관성과 집념을 보여주는 자세가 중요하다. 내가 오랜 기간 동안 보여준 집념을 고객이 어떻게 평가하는지 알아보기 위하여 시간 경과와 방문의 횟수 속에서 고객이 보이는 변화를 분석했다.

현재 사용하고 있는 기계에 전혀 불만이 없고 경쟁 회사의 서비스가 완벽할 경우 특별한 일이 발생하지 않고서는 회사를 바꿀 가능성은 없다는 점을 인식하는 것도 중요하다.

집념과 일관성을 지키기 위한 기본적인 수칙은 반복적으로 고객을 방문하는 것이다. 고객에게서 주문이 나온 뒤 방문 횟수를 줄이는 행위 등은 비즈니스맨에게 있어 부끄러운 태도라고 생각한다.

3. 재미와 즐거움을 우선시한다

어느 해 분기가 시작되는 4월의 첫날이었다.

당시 영업 부장이었던 나는 아침 일찍 9시에 부서 회의를 소집했다. 52명의 부원이 참석한 회의실에서 하나의 공지사항을 발표했다.

"여러분들에게 알려 주지 않으면 안 될 중요한 일이 있습니다. 조금 전 본부장으로부터 조직 개편이 있다는 연락을 받았습니다. 우리 부서는 오늘로 해산합니다. 부서는 3개로 나눠게 됩니다. 일부는 다른 부로 이동하고 일부는 지방으로 갑니다. 그리고 나머지는 기술부로 갑니다. 갑작스럽긴 하지만 곧 다음 발령이 나올 예정이니 저는 지금부터 본부장에게 갑니다. 잠깐 기다려 주세요."

부원들에게 사항을 통보하고 밖으로 나와 안에서 일어나는 소란을 듣고 있었다.

화장실에 갔다 와서 잠시 후 회의실에 들어서자 일순 적막이 흘렀다.

"질문이라도 있습니까?"

회의실은 대혼란이었다.

"그런 이야기는 듣지 못했습니다."

"말도 안 됩니다."

나는 자리에서 일어나 미소를 지으며 다시 말했다.

"여러분 앞에 놓인 회의 주제를 보고 오른쪽 위에 있는 날짜를 보세요. 여기에 만우절이라고 쓰여 있습니다. 미안합니다. 용서하세요. 그 대가로 오늘 회의에서 여러분이 먹을 간식을 사왔습니다."

"젠장! 이렇게 바쁜데 만우절이라니 말도 안 돼."

"재미있어요. 아주 재미있었어요. 하지만 내년에 반드시 갚

아드리겠습니다."

부하 직원들은 몇 년이 지난 뒤에도 이 에피소드를 술자리에서 떠들며 즐겁게 이야기했다.

힘들어도 유머를 잊지 말자

일은 즐겁게 해야 한다. 힘들고 괴로워도 기분 좋게 일해야 한다고 믿는다. 모두 함께 같은 곳을 바라보며 열심히 일하고 싶다. 고객의 불평을 들어도 회사에서 윗사람에게 심하게 책망을 들어도 부서 내에서는 부하 직원들과 웃으며 일하고 싶다. 다양한 기회에 유머의 발상을 실행하려고 노력했다.

1주일 정도의 프로젝트라면 긴장을 늦추지 않고 일할 수 있지만 1~2년 계속 되는 일은 부서장이나 그룹장이 유머를 적극적으로 활용해 부원들의 사기를 고무시킬 필요가 있다.

4. 윗사람은 아랫사람에 대한 책임감을 갖는다

윗사람의 위치에서 일을 할 때 2~3년의 시간을 두고 부하 직원을 살펴보면 그들의 능력에 거의 변화가 없다고 느낄지도 모른다. 하지만 5년 이상의 시간을 두고 보면 대부분의 부하 직원은 나름대로 나이를 먹고 경험을 축적해 자기만의 노하우도 가지고 있는 경우가 많다. 그리고 특히 젊은 직원의 수가 늘어난 것을 발견할 수 있었다.

젊은 부하 직원들을 트레이닝 시킬 때는 유연한 자세가 필요하다. 자신의 부하 직원으로 있다고 언제까지나 수행 능력만 가르치려 들면 반감을 갖고 반항하기 시작한다. 입장이 역전될 때까지 적당히 넘어가려는 사람도 나온다.

제 역할을 수행하도록 가르치는 것과 수행 능력이 생긴 뒤에는 더더욱 발전시키도록 자극하는 것이 중요하다.

윗사람에게 당당히 자신의 의견을 피력하는 모습을 보여주지 않으면 부하 직원들은 따라오지 않는다. 겉으로는 추종하고 있는 듯 보이지만 마음속으로는 완전히 다른 생각을 하고 있을 수도 있다.

리더는 항상 앞에 선다

부하 직원이 잘못을 저질렀을 때 자신의 위치에서 책임을 질 수 있다면 감싸줄 필요가 있다. 물론 회사에 미치는 영향이 너무 클 때는 자신도 함께 윗사람에게 잘못을 빌어야 한다.

부서 책임자가 당신일 경우 윗사람에게 직접 잘못을 사과하는 태도가 필요하다. 간부가 당신이 아닌 부하 직원의 실수인 점을 알고 있을 때도 당신은 감독 책임의 과실로 책망을 듣게 된다. 당신이 나서지 않고 부하 직원이 모든 책임을 진다면 사내에서는 윗사람으로서 책임감 결여에 대한 이미지가 만들어질 수도 있다.

비즈니스 현장과 전쟁터는 다르다. 하지만 한 그룹의 책임자가 앞에 나서서 지휘하지 않으면 지금의 젊은 사람들은 따라오지 않는다는 것은 공통적인 사항이다.

반대로 부하 직원의 공적은 가능한 부하 직원의 이름으로 돌려 윗사람에게 보고하는 자세가 그룹장의 올바른 자세다.

5. 팀워크와 인간관계 유지

영업부에서도 기술부에서도 공통되는 사항은 팀워크로 일이 움직인다는 점이다.

혼자서 특정 고객을 충분히 담당할 수 있어도 반드시 보조 담당자를 두어 상대방과 소통할 수 있게 해야 한다.

그 부하 직원들 위에 선 입장이라면 담당자가 맡고 있는 고객의 얼굴을 아는 정도가 아니라 고객과 담당자의 인간관계

그리고 자사 담당자가 고객에게 어떤 인상으로 비춰지는가를
파악할 필요가 있다.

고객과의 인간관계

담당자가 고객과 좋은 관계를 유지하고 있다고 설명할 때
실제와 어느 정도 차이가 있는지를 알면 그 담당자의 능력을
판단할 수 있다. 더욱이 고객 방문 전에 담당자가 동요하는 모
습을 보이면 반드시 문제와 숙제가 드러난다.

사내의 팀워크

고객에게 기술자를 데리고 갈 경우 고객으로부터 최고의
기술적 평가를 받도록 주의를 기울일 필요가 있다. 그렇게 하
기 위해서는 사전에 기술자에게 고객의 상황을 최대한 자세
하게 설명해 주고 방문 횟수를 늘려 고객과 기술자와의 사이
에 신뢰 관계가 형성되도록 해야 한다. 그것은 결국 당신의 영
업 능력에 대한 평가로 되돌아온다.

기술자의 태도나 이야기 방식에도 주의를 게을리 하지 말고
방문 뒤에는 그 당시의 상황을 정리하면서 고객에 대한 새로
운 제안 등을 모색하는 일이 중요하다.

일은 팀워크가 기본이다. 혼자 어딘가에서 잘못을 했을 때 그것들을 감추다보면 더 큰 문제를 야기하기 쉽다. 연장자와 젊은 사람을 조합시켜 노하우에 대한 자연스러운 교육을 꾀해야 한다. 또한 젊은 사람에게는 연장자의 경험을 존중시키고 연장자에게도 지금의 젊은 사람들에 대한 자질을 이해시켜 같은 부문의 일이 원활하게 이루어지게 만든다.

6. 원천기술을 연마한다

영업에는 새로운 발상이 필요하다. 그것도 매번 새로운 발상이 꼭 필요하다. 같은 고객에게 같은 상품을 팔면 무엇인가 새로운 발상을 하지 않아도 자동적으로 주문이 들어온다고 믿는 시대는 지났다. 중요한 고객에게는 매번 신선한 판매 포인트를 생각해서 제안하는 방법이 영업의 기본 방침이다.

가만히 있어도 주문을 내주는 고객이라고 해도 방심해서는 안 된다. 고객이 타사와 비교해 거래를 끊을 가능성은 어디에

나 있고 또 실제로 일어나고 있다.

영업에 원천기술을 첨가하기 위해서는 무엇을 해야만 할까? 우선, 제일 간단한 것이 고객과의 조화를 꾀하면서 방문 횟수를 늘리는 일이다. 상대방과 개인적으로 친숙해지고 상대방이 생각하고 있는 것들을 충분히 이해하는 일에서부터 영업은 시작된다.

판매하고 있는 것에 무엇인가 새로움을 첨가하는 일. 첨가될 가능성을 알려주는 일. 하나의 주문을 받으면 다음 주문으로 이어지도록 강한 의욕을 보여주는 일. 그렇게 하기 위해서 상대방의 희망을 조사하는 일. 이 모든 것은 영업의 원천기술이다.

물론 상대방을 방문하는 것만이 영업은 아니다. 회사 공장을 견학하고 기술자들과의 간담회를 가지고, 자사 간부직원과의 면담을 하고, 자사 제품을 이용하는 고객의 사례를 보여주는 일도 원천기술의 하나가 된다. 시간을 따로 내어 상대방과 함께 식사를 하는 일도 중요한 영업의 일환이다.

나는 크고 중요한 안건의 경우 부하 직원들에게 어떤 새로운 판단과 작전을 쓸 것인가를 연구하라고 요구했다.

'그럼, 지금까지와 무엇이 다르지?'라고 지적하는 것이 나의 입버릇이었다. 원천기술을 익히기 위해서는 수첩과 노트에 기록하는 아이디어 마라톤 습관을 가져야만 한다.

7. 최고의 통신 시스템을 이용한다

해외 생활 20년. 국내 근무 13년.

나의 비즈니스 인프라는 통신이었다. 해외에서는 어디서나 통신 사정이 열악해서 자신의 안전, 가족의 안전, 긴급한 일이 있을 때 하는 연락 등에서 상당히 애를 먹었다.

최초의 근무지였던 나이지리아에서는 국제전화를 걸기 위해 한밤중에 전화국으로 가야만 했다. 전화국에서 3~4시간 정도 기다리는 것은 보통이고 때로는 모기에 물려 말라리아에 걸리기도 했다. 사우디아라비아에서는 8년 반 동안 주재했는데 그 사이에 전화 시스템이 최신으로 바뀌었다.

주재원으로 근무를 마치고 귀국할 무렵 일본에서는 정보통신 혁명이 일어났다. 컴퓨터, 삐삐, 휴대전화, 위성통신 등이 연이어 나왔다. 이를 바탕으로 비즈니스에서는 언제나 최고의 장비를 사용하여 조금이라도 일에 도움이 되도록 신경을 썼다.

정확한 통신 시스템을 확립한다

회사의 휴대전화 수가 한정되어 있을 때는 휴대전화와 삐삐를 조합한 시스템을 사내에 도입해서 부원 전원에게 즉각적인 통신이 가능하도록 했다. 이것만으로도 영업 활동을 하는데 커다란 효과가 있었다고 생각한다.

누구나 휴대전화를 갖고 있는 현재는 사원 모두가 즉시 연락을 할 수 있어 편리하다. 하지만 중요한 고객과의 상담 중에는 휴대전화를 꺼 놓는 것이 예의이며 지나친 보고는 오히려 영업에 문제가 된다. 상대방에게 즉시 연락할 수 있는 상황과 상대방이 즉시 대답할 수 있는 상황은 다르기 때문이다. 아주 위급한 상황이 아니라면 메일을 이용하는 편이 좋다.

현재는 부원 전원에게 휴대용 노트북을 갖게 하고 그날 방문한 고객에 대한 보고를 메일로 받은 후 현장에서 바로 퇴근하게 한다.

이중·삼중의 통신 수단이 필요하다

수십 명의 부원들 전원이 연락할 수 있는 수단은 긴급사태가 발생했을 때도 도움이 된다. 앞으로도 우리는 최고의 시스템을 사용하게 될 것이다. 그러나 통신 수단을 이용할 때는 이중 삼중 조치를 취해 놓는 것이 안전하다. 휴대전화, 컴퓨터 등을 자유자재로 사용할 수 있어야 한다.

8. 호기심을 불태운다

예전에 어느 출판사로부터 『상사맨이 되기 위해서는』이라는 제목으로 책 집필을 의뢰 받은 적이 있다.

그때 상사맨으로서 가장 중요하고 필요한 것이 무엇인지 사내에서 설문을 했었다.

어학 또는 계산 능력 등 다양한 대답이 나왔지만 가장 높은 비중을 차지한 항목은 '호기심'이었다.

호기심은 에너지의 원천

호기심이 없으면 상사맨 또는 영업맨으로서 일을 재미있게 할 수 없다. 일에 지쳐 견디기 힘들 것이다. 호기심은 새로운 장사를 시작할 때 반드시 필요한 요소이고 동시에 일을 진행시킬 때도 필요한 에너지를 만들어내는 발전기 역할을 한다.

호기심이 없으면 새로운 고객 개척을 위한 영업이라는 업무가 괴로워진다. 고객이 이야기하고 있는 사이 작은 의문이라도 물어보는 행동은 호기심에서 나온다. 이 질문으로 엄청난 문제를 발견할 수도 있고 반대로 흥미로운 장사 업종을 찾을 수도 있다. 내가 사람들이 꺼리는 아프리카, 중동, 서남아시아 등에 자발적으로 부임했던 것도 호기심 때문이었다.

출세보다 중요한 일이 있다

어느 날 사장의 호출을 받았다.

"자네, 이번에 차장에서 부장으로 승진이야."

"감사합니다. 하지만 모처럼 생각해 주셨는데 사퇴하고 싶습니다."

"뭐? 자네! 부장이 되는 것을 거절하는가?"

"예, 우리 회사는 부장이 참가하는 회의가 너무 많아서 부장이 되면 고객을 충분히 방문할 수 없게 됩니다. 그렇게 되면 지금처럼 고객과 좋은 관계를 유지할 수 없습니다. 특히 상무 회의는 반나절 이상 시간이 걸리는데 저는 견뎌내지 못할 것입니다."

"음!"

나의 이런 대답에 사장은 놀라움을 표시했다.

"그런 이유로 부장 승진을 거절하나? 이런 일은 들어본 적이 없는 걸. 그럼 자네는 상무 회의에 출석하지 않아도 되네. 사무국에 그렇게 말해두겠네. 그러니 부장 자리를 맡아주게."

내게 고객을 방문할 수 없고 사내에서만 머물며 일하는 것은 고통이자 호기심을 잃는 요인이 된다.

9. 지속력을 키운다

23년 동안 아이디어 마라톤을 하면서 일에 가장 도움이 되었던 요소는 지속력이었다.

물론 23년 동안 일과 관련된 발상을 실현하려고 한 것도 도움이 됐지만 수십 년이라는 긴 시간에 거쳐 서서히 축적된 지속력과 집중력은 발상의 힘이 되었다.

간단하게 수주를 할 수 있는 일은 그다지 많지 않다. 풍부한 영업 경험이 있다고 자신하면 안 된다. 고객의 입장에서는 '조금 더 집요하게 요청했으면 채용했을 텐데'라는 생각이 있다. 첫 거래에서 예산을 확보하고 신청할 때 고객이 보다 더 자세한 설명을 원하는 경우가 있다. 하지만 다른 경쟁 상대가 빈번하게 또는 정기적으로 방문하면 상품의 질에 관계없이 경쟁사에 발주하기도 한다.

지속력의 습득 방법은 다음과 같다. 첫째로 아이디어 마라톤을 계속하고 둘째로 중요하지만 어렵고 까다로운 고객을 상대해 봐야 한다. 그리고 마지막으로 꾸준히 일기를 쓰면 지속력을 기를 수 있을 것이다.

10. 기다리는 힘을 기른다

해외에서의 일은 '기다리고 기다리고 또 기다리는' 것일 경우가 많다.

내가 부임했던 나라들은 일할 때 방문자를 기다리게 하는 예가 허다했다. 기본적으로 약속시간에 맞춰 만날 수 있는 경우는 거의 없었고 2~3시간 정도는 기다려야 했다.

만나지 않으면 일이 안 되기 때문에 상대가 올 때까지 계속 기다렸다. 처음에는 기다리는 시간이 독서 시간이었다. 하지만 점점 독서만으로는 시간이 흐르는 것이 아까워 노트를 갖고 다니며 보고서를 쓰거나 그 나라에서 있었던 즐거운 에피소드 등의 에세이를 쓰기 시작했다. 즐거운 일을 쓰다 보니 기다리는 지루함이 날아갔다. 이후 회사에서 출판 허가를 받아 기록한 내용을 정리해서 책으로 냈다.

이것이 주말 작가로서의 첫 번째 발걸음이었다.

영업의 정석

기다리는 시간에는 항상 아이디어 마라톤을 했고, 휴대전화가 활성화된 이후에는 어디에서나 업무를 볼 수 있었다. 기다리는 공간은 곧 외부 사무실이 되었다. 얼굴이 친숙해진 고객의 사무실 비서가 커피를 주었고 나는 그곳에서 일을 했다.

일본에서도 고객을 방문했을 때 부재중이라면 다시 방문하는 것이 아니라 기다리는 쪽을 택했다. 늦게 돌아온 고객이 미안한 마음을 가질 경우 이야기는 유리하게 진행된다. 그리고 고객을 방문했더니 갑자기 고객의 스케줄에 문제가 생겨 회의를 가질 수 없다면 가능한 빠른 시일 안에 재차 방문한다. 이것이 영업의 정석이다.

나약한 사람에게는 수련이 필요하다

영업 부장을 맡고 있을 때 야마다라는 신입 사원이 있었다. 그는 좋은 사람이었지만 우유부단하고 마음이 여렸다. 영업부에 배속되어 3개월이 지나도 혼자서 고객을 방문하지 못했고 주문 역시 받지 못했다.

야마다의 담당 책임자와 주위 사람들도 우유부단하고 내성적인 그를 걱정했다. 그는 정신과 육체를 단련시킬 경험이 필요했다.

그러던 어느 날 나에게 사이타마의 한 회사로부터 발주를 검토하고 있는데 설명해 줄 수 있겠냐는 문의가 왔다.

상대방 회사 담당자와 이야기를 해보니 내가 직접 방문해야 할 정도로 중요하고 유망한 고객이었다. 상대방 책임자도 강한 관심을 표명했다.

하지만 나는 이 상황에서 야마다를 불러 지시를 내렸다.

"내일 자네는 이 고객에게 가서 주문을 받아오게. 그리고 돌아오기 전에 고객의 전화를 빌려 내게 연락하도록."

다음 날은 금요일이었다. 야마다가 처음으로 혼자 주문을 받으러 가는 상황이었기에 주위의 선배들도 모두 걱정했다.

오후 2시쯤 그에게서 전화가 왔다.

"지금 도쿄 역에 도착했습니다. 고객은 무척 호의적이어서 일이 잘될 것 같습니다."

"잠깐! 사이타마에서 고객에게 전화를 빌려 보고하라고 했을 텐데."

나의 목소리가 격앙되었다.

"야마다, 다시 한 번 고객에게 다녀오게. 고객에게 부탁해서 오늘 주문 예정서라도 받아 오고, 받지 못하면 돌아올 생각도 하지 말게!"

큰소리로 다시 명령했다.

야마다는 기어들어가는 목소리로 대답했다. 사내에 있던 다른 부원들도 걱정스러운 듯 나의 통화를 듣고 있었다.

한 시간이 지나 야마다로부터 전화가 왔다.

"부장님! 고객이 외출하고 안 계십니다. 어떻게 하면 좋을까요?"

"당연히 회사 앞에서 기다려야지. 고객은 언젠가 돌아올 것 아닌가!"

"네……."

"알았나? 자네는 할 수 있어! 고객이 돌아오면 인사하고 우리 부장님이 주문 예정서라도 받아오라고 했다고 말해. 예정서를 받지 못하면 절대 돌아올 생각도 하지 말게!"

지금까지의 경험으로 보아 야마다가 예정서를 받을 수 있으리라는 자신감이 있었다. 고객은 무척 서두르고 있었다.

6시 반이 지나 고객으로부터 전화가 왔다.

"부장님입니까? 야마다 씨가 3시간이나 입구에서 기다리고 있어서 놀랐습니다. 다음 주에는 주문을 낼 테니 걱정 마세요."

"대단히 염치없지만 한 가지 부탁해도 될까요? 귀사가 우리 신입 사원인 야마다의 첫 고객입니다. 앞으로 귀사를 담당할 것입니다. 가능하다면 오늘 주문 예정서라도 야마다에게 보내주셨으면 합니다."

"이런, 생각은 해보겠습니다만……."

그리고 한 시간 반 후에 야마다는 회사로 돌아왔다. 부서로 들어오자마자 가방에서 꺼낸 종이를 나에게 제출했다. 예정서였다. 부원들의 박수가 터졌다.

주변의 선배들은 야마다를 걱정하며 돌아오기를 기다리고 있었다. 야마다의 성공적인 직무 수행을 축하하기 위해 함께 술을 마시러 가는 선배도 있었다.

야마다는 그날을 계기로 당당하게 변했다. 적극적이고 과감하게 새로운 고객을 개척해 나갔다.

11. 어디든 사무실이 될 수 있다

나는 회사에서 제일 무거운 가방을 가지고 다닌다.

가방을 들고 엘리베이터에 타면 사람들은 어딘가 출장 가는 줄로 알았다.

"도대체 무엇이 들어 있습니까?"

고객에게 자주 이런 질문을 받는다.

"무엇이든 들어 있습니다. 무엇을 원하십니까?"

농담처럼 대답하지만 나의 가방 안에는 그 당시의 최대 성능을 가진 최소 크기의 도구들이 가득 들어 있었다. 노트북, 휴대용TV, 휴대전화, 카메라, IC레코더, 문구함, 노트, 명함한 상자, 사전 두 권, 휴대용 변기, 라디오, 보온병 등등. 잔뜩들어 있다.

미국의 GE사에 출장 갔을 때 회의가 끝난 뒤 미국인 기술자들이 나의 가방을 보고 싶어 했다. 가방에서 내용물을 꺼내책상 위에 펼쳐 놓자 모두 놀라움을 감추지 못하며 말했다.

"이것들 전부 세트로 팔지 않을래요?"

지금 들고 다니는 가방은 롤러와 핸들이 붙어 있어서 이동이 쉽고 미국에서 산 접이식 컴퓨터 책상까지 들어 있어서 어디서나 일을 할 수 있다.

이 도깨비방망이 같은 가방은 고객과 이야기할 때 화제가 되기도 하고 이야기가 진전되는 촉매가 되기도 한다. 공항의 대합실, 기내 그리고 고객의 접대실 모든 곳이 사무실이다. 장시간 열차 여행을 할 때도 그 객실은 일하는 장소가 되었다.

나의 가방 무게 한도는 10킬로그램이다. 그러나 항상 조금씩 무게를 초과하고 있다.

12. 비즈니스의 살기를 키운다

아이들 방 문은 열어두는 것이 규칙이다.

입구의 오른쪽에 막내 책상이 있고, 문을 등지고는 둘째 책상이, 문을 향해서는 장남 책상이 있다. 나는 잠이 오면 아이들 방으로 가서 열린 방문을 통해 안으로 천천히 들어간다. 발뒤꿈치를 들고 고양이처럼 걸어간다. 문을 등지고 앉아 있는 둘째를 놀래 주기 위해서다.

막내는 나의 움직임을 금방 알아차릴 수 있는 위치에 있으면서도 모르는 체 한다. 장남도 문을 향해 앉아 있기 때문에 역시 금방 알아차린다. 둘째만이 반대편을 보고 있어 내가 접근하는 모습을 보지 못한다. 조심스럽게 접근한 다음 야! 하고 큰소리를 지르며 왼쪽 다리를 둘째의 얼굴 앞으로 쭉 내민다. 단순히 졸음이 온다는 이유만으로 5년 정도 수십 차례에 걸쳐 둘째 아이를 놀래 주었지만 점차 쉽지 않게 되었다.

내가 접근하는 것을 장남과 막내 모두 모른 척 해 주었고 나 또한 절대 소리를 내지 않았다. 게다가 바닥이 카펫이기 때문에 소리로 누군가 다가오는 것을 알아채기란 쉽지 않다. 그러나 어느 순간부터 둘째 아이는 내가 뒤에서 접근하는 것을 알아차렸다.

세 번 중 한 번 정도는 들키게 되었고 어떤 작은 소리라도 들리면 둘째는 금방 알아차렸다. 장남의 눈초리, 막내의 움직임, 그림자, 나의 숨소리 등 희미한 소리까지 감지하는 것은 물론 다른 무엇까지 느낄 수 있게 된 듯하다.

둘째는 놀래 주기 직전에 뒤돌아보며 '아빠! 그만 둬요!'라며 오히려 나를 놀라게 했다.

"어떻게 알았니?"

"뭐라고 말할 수는 없지만 왠지 분위기가 달라요."

비즈니스 감각을 트레이닝 하라

나는 이것을 비즈니스 살기 트레이닝이라고 생각했다. 둘째
는 그전에 눈치 채지 못하던 무엇인가를 잡아내기 시작한 것
이다. 극히 작은 무엇이라도 징후를 느낄 수 있다면 무엇인가
에 이용할 수 있지 않을까…….

비즈니스는 다양한 징후를 감지하며 일을 진행해야 한다.
주문을 낼 것 같은 고객은 그 전에 어떤 징후가 있다. 그 징후
와 감각을 몸에 익힐 수 있다면 일을 보다 유연하게 진행할 수
있을 것이다.

어쩌면 비즈니스 전체를 놓고 볼 때 징후와 감각은 결정적
판단의 근거가 될 수 있다고 생각한다. 겉으로 보면 전혀 문
제가 없는 것처럼 보여도 무언가 이상하다고 느낄 때가 있다.
이런 비즈니스의 감각은 경험과 사고력을 바탕으로 연습이
가능하지는 않을까? 비즈니스의 살기는 비즈니스의 감각 그
자체다.

비즈니스 감각을 키워 살기를 느낄 수 있도록 하기 위해서
는 어떤 방법이 좋을까, 생각을 하기 시작했다. 비즈니스의 살

기를 느낄 수 있다면 여러 방면에서 도움이 된다. 지극히 평범하게 보이는 것이라도 '무엇인가 달라. 이 조건은 안 돼' 또는 '이대로는 잘 안 될 것 같아' 등을 느낄 수 있다.

이런 경우 조금이라도 미리 준비를 하거나 보다 더 자세히 조사해서 위기 상황에 대처할 수 있다. 또 추가 조치를 취하거나 재빨리 철수할 수도 있다.

경험과 생각이 감각을 키운다

비즈니스의 감각을 키우기 위해서는 풍부한 경험과 다양한 생각이 필요하다. 경험이 일정 이상의 경지를 넘어서서 생각이 치밀해지면 지금까지는 잡을 수 없었던 것까지 포획할 수 있게 된다.

일에서 감각의 활용 범위는 대단히 넓어서 프로젝트가 아무리 자연스럽게 진행되고 있다 해도 어느 시점에 문제가 발생할 가능성이 있다는 예측이 가능하다. 부하 직원이 고객에게 제시한 조건과 고객의 발주 가능성 등을 비교하는 것만으로 다른 무언가를 감지할 수 있다. 다른 사람의 거짓말에 민감하게 반응하는 것도 트레이닝으로 가능하지 않을까?

"부장님! 괜찮습니다. 이 조건이라면 주문은 확정입니다."

"아니야, 아직 불안한 요소가 남아 있어."

항상 끊임없이 긴장해야 한다. 생각한 것, 느낀 것, 떠오른 것들을 노트에 적어 두는 것은 언젠가는 반드시 도움이 된다.

나는 비관적인 것에 직감이 작용하는 스타일이었기 때문에 일 처리에 실수가 적었다. 낙관적인 것만 주시하면 잘못된 조건이 보이지 않기 때문에 주의해야 한다.

행운은 또 하나의 보너스다

지금까지 설명한 바와 같이 공격적 비즈니스 12가지 교훈을 충실히 습득하면 또 하나의 보너스가 있다. 그것은 행운이다. 비즈니스에 행운이 굴러드는 것이다.

행운은 사람이 스스로 선택할 수 없다. 하지만 지금까지 언급한 12가지 다양한 요인들을 조화롭게 적용해 나간다면 비즈니스 행운은 저절로 따라오게 되어 있다. 더욱이 아이디어 마라톤을 하며 항상 노트에 새로운 발상을 기록하면 그것들이 머릿속에 숨어 있다가 행운과 함께 필요한 시기에 떠오른다. 떠오르는 아이디어는 호기심과 집념 그리고 적극성 등의 지원을 받아 다가오는 행운을 확실히 움켜쥘 수 있게 만들어 준다. 이것은 곧 비즈니스 전체를 정리하는 핵심이 된다.

:: 지속력의 활용과 응용 ::

지속력은 실로 여러 가지 활동의 원동력이 된다.

집중력

대학 시절 체육회나 스포츠 쪽에 속해 있던 사람은 취직할 때 어느 정도 지속력을 갖고 있는 사람이라는 평가를 받는다.

스포츠 쪽에서 지속력을 키우면 그것은 스포츠뿐만 아니라 지적 활동에 있어서도 활용될 수 있다고 생각하기 때문이다. 지속력은 인내력이나 집념과 일맥상통한다. 더욱이 지속력은 집중력이라는 상당히 중요한 비즈니스 필수 요소를 만들어 낸다. 집중력은 하나에 일념 하는 자세다. 지속력이 일정한 방침으로 습관화되어 생긴 것이라면 스스로 집중력의 효과를 창출할 수 있다.

집중력이 있으면 학생이나 사회인들은 모든 공부와 연구에서 최대의 효과를 낼 수 있다. 하지만 만약 그 집중력이 배타적 집중력이라면 효과는 반감된다. 너무 한 가지 일에 집중한 나머지 유연성과 탄력성을 잃어 다른 것이 보이지 않게 되는 것은 안타까운 일이다.

여러 가지 새로운 정보와 세계 변화를 유연하게 받아들이는 집념에 찬 집중력이어야 좋다.

특히, 과학기술 연구에서는 급속한 변화가 일어나기 쉬워서 항상 최신 정보를 주의 깊게 관찰해야 한다. 자신의 연구 업적을 발표하기 직전에 다른 사람이 같은 발견을 발표하는 예가 종종 일어나기 때문이다.

종합 지속력

지속력은 기력, 체력, 지력으로 나눌 수 있다.

기력이나 체력, 지력도 천차만별이어서 세밀한 분류는 어렵다. 사람에 따라서 각각 다르게 나타나는 이것은 그 사람의 특성이 되기도 한다.

기업에서는 기력, 체력, 지력을 종합한 힘을 필요로 한다. 이것을 종합 지속력이라 부르기로 하자. 이 종합 지속력의 기본이 되는 요소가 지속력과 집중력이다.

지속력과 집중력을 의무교육 과정에 넣었다면 나도 그렇게 고생은 하지 않았을 것이다. 수십 년 동안 아이디어 마라톤을 통해 지속력과 집중력을 축적하고 나서야 종합지속력을 발휘할 수 있게 되었다.

나는 30여 년의 상사 근무를 끝내고 개인 연구실을 내어 아이디어 마라톤을 보급하려고 한다. 다양한 분야에 관심을 갖고 새롭게 도전을 하고 싶다.

이 책을 읽는 독자 여러분에게 가장 효과적으로 지속력을 키울 수 있는 아이디어 마라톤을 될 수 있는 한 빨리 권하고 싶다.